高校教师资源管理与配置研究

陈妙娜　著

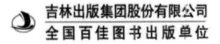
吉林出版集团股份有限公司
全国百佳图书出版单位

图书在版编目（CIP）数据

高校教师资源管理与配置研究 / 陈妙娜著. –– 长春：吉林出版集团股份有限公司，2023.5

ISBN 978-7-5731-3449-3

Ⅰ.①高… Ⅱ.①陈… Ⅲ.①高等学校—师资培养—研究 Ⅳ.①G645.12

中国国家版本馆CIP数据核字（2023）第141742号

高校教师资源管理与配置研究
GAOXIAO JIAOSHI ZIYUAN GUANLI YU PEIZHI YANJIU

著　　　者　陈妙娜

责 任 编 辑　蔡宏浩

装 帧 设 计　墨创文化

开　　本　787 mm×1092 mm　1/16

印　　张　9

字　　数　230千字

版　　次　2023年5月第1版

印　　次　2023年5月第1次印刷

出　　版　吉林出版集团股份有限公司

发　　行　吉林音像出版社有限责任公司

（吉林省长春市南关区福祉大路5788号）

电　　话　0431-81629679

印　　刷　吉林省信城印刷有限公司

ISBN 978-7-5731-3449-3　　定　　价　50.00元

如发现印装质量问题，影响阅读，请与出版社联系调换。

前　　言

　　高校对教师的管理工作是比较系统的、全面的管理，所以高校教师管理的问题及对策也就体现在多个方面。高校对教师管理某些方面的不足，都会在一定的程度上直接影响高校教师管理整体方面的有效性。目前高校教师管理普遍存在诸多问题，它们极大地影响了高校教育教学质量的提高与水平的提升，不利于高校教师队伍的稳定发展。从内部教师管理的有效性具体因素中分析，高校教师一致认为高校的管理者可以利用高校教师管理制度对他们进行科学的管理，但高校管理者并不认可这个观点。高校教师在岗培训与相关部门提供的继续教育存在一定的偏差，这就会直接影响教师的情绪，无法积极地投入到工作中。高校教师的压力比较大，直接影响了教师的身心健康，学校没有进行及时补偿，对教师们的情绪不够重视，进而导致高校教师认为学校对他们缺乏全面、公正、客观的考评，无法有效地提高他们的工作积极性与效率。

　　由此，本书共划分为六个部分，第一部分为高校教师管理与人力资源概述，主要介绍了高校教师管理以及人力资源的基本概念；第二部分为高校师资队伍建设与管理，主要探讨了高校师资队伍建设与管理当前存在的问题，并分析了问题存在的原因；第三部分为高校教师聘任与晋升管理机制，主要对高校教师聘任与晋升管理现状进行了探讨与分析；第四部分为高校教师绩效管理与激励机制，主要对高校教师绩效管理与激励机制现状进行讨论；第五部分为高校教师管理系统设计与构建，主要尝试对高校教师管理系统进行设计与构建；第六部分则主要对高校教师资源管理与配置提出相应的建议。本书有关高校教师管理的问题及研究是在一定的教育方针指导下进行的，根据规章制度与教师职业的行为准则、规范等，运用多种科学的方法，有目的、有计划地将高校教师组织起来，将高校教师的主动性、积极性、创造性等充分结合起来，保证高校教师的综合素质得到提升，从而保障高校教书育人目标的实现，推动高校的教育事业不断发展与进步。

著　者

目　　录

第一章　高校教师人力资源相关概述

第一节　高校教师管理相关概念

高校教师管理的概念，经过多年的研究，有一个比较全面且准确的定义，受到了学术界的一致认可：为了提高高校师资队伍的整体素质水平和人才培养的质量，促进高校健康、协调、快速地发展，实现高校人力资源的合理优化配置，建立一套科学、合理、可操作性的教师管理制度，以求最大限度地调动教师的积极性和主动性，激发教师的创造性，实现最大的管理效能。①

一、高校教师

教师是履行教育教学职责的专业人员，承担教书育人，培养社会主义事业建设者和接班人，提高民族素质的使命。根据不同的教育层次，具体划分为学前教育教师、小学教师、中学教师与高校教师等不同内涵。

社会发展的加速与组织管理的变革带动大学的类型和功能在逐渐增加，并且不同国家和学校的大学教师的特征、职位和功能也有所不同。有单纯从事教学工作的，有在教学之外兼职负责学术研究和提供社会服务的，但无论在什么方面上有差异，作为一名大学教师必须要承担教学责任，要与学术（学科）联系在一起。② 高等学校教师队伍建设必须遵循教师资格制度，并且根据大学教师在高校承担教学任务与科研任务的实际情况明确相应职务，也反映了这一观点对大学教师内涵的社会取向。

综上所述，在此以大学教师为研究对象，主要指在高校从事一线教学或科研工作的教师群体，同时所有调查对象均具备大学教师资格以及不同等级的高校教师专业技术职务资格。

二、管理

人类社会的发展离不开"管理"的协调作用，有效管理才能促使群体实现共同劳动的目标要求。西方国家历经近百年的研究发展，针对"管理"的理论认知形成了不同学派，

---

① 沙颂. 社会学概论 [M]. 北京：中国经济出版社，1998：141.
② 叶赋桂. 高等学校教师：概念与特质 [J]. 教育学报，2005（10）：82—87.

各学派对管理的界定各有不同，具体见表1-1。

表 1-1 不同管理学派对管理的代表性定义

学派类别	管理定义
科学管理学派	管理就是效率
管理过程学派	管理的过程经历从计划、组织到协调、控制等一系列活动
行为科学学派	管理就是对人的管理
决策理论学派	管理就是决策，贯穿管理的全过程
管理科学学派	基于数学模型体现管理的逻辑程序，通过实施计划、组织、控制与决策等一系列活动过程以实现组织目标最优化
系统论学派	以客观规律为切入点影响系统的运行，确保系统保持良好状态

结合以上各学派最具代表的"管理"定义，将管理的含义概括为五个层面：第一，人是管理的主要对象；第二，协调是管理的重要手段，通过协调组织内外的关系、协调组织成员之间的关系、协调组织资源的配置关系等，实现管理的根本目标；第三，所有管理中的计划或组织过程，都要以明确的既定目标和活动标准为前提，确保组织内部成员有明确的活动标准能统一执行；第四，社会组织是实施管理活动的载体，一旦管理活动脱离组织，将失去本质效应；第五，每个人的思想都是发展的、动态的，这就决定了管理的过程也应是动态化的、多元化的，只有符合人的特征性质，再有针对性地实施管理，才能确保管理目标的顺利实现。

管理是"由一个或更多的人来协调他人活动，以便收到个人单独活动所不能收到的效果而进行的各种活动"[①]。对于管理的实质，从管理论的发展轨迹看，以下几种观点具有一定的代表性。

（一）管理就是一种职能的运转

这一观点主要研究工作管理和组织管理，强调管理人员职能的发挥，通过有效的管理来提高效率。因此，这种观点是从管理人员的职能方面给管理下的定义，"管理就是实行计划、组织、指挥、协调和控制"，它是"一种分配于领导人与整个组织成员之间的职能"[②]。

（二）管理就是一种用人的技巧

这一观点的理论基础是管理必须"通过别人来做工作"。这一理论将"人"作为研究的着眼点，而不是工作或者生产指标，如何用好"人"是这一理论研究的核心。

（三）管理是一种系统的优化

系统理论认为，任何一个组织（管理对象）都是一个系统，它本身包含着很多的子系

---

① ［法］法约尔. 工业管理与一般管理［M］. 北京：中国社会科学出版社，1982：5.
② 李骥主编. 教育管理词典 第2版［M］. 海口：海南人民出版社，1997：22.

统，同时又包括在更大的系统之中①。要实现对组织的有效管理，就需要使组织内外的各种要素得到优化，从而高效地实现组织的整体目标。

（四）管理就是一种决策的制定

决策理论学派认为，每个企业的外部环境都是极其复杂的，而且时刻处在变化之中，企业经营的成败不完全取决于作业效率，而是取决于投资、计划、销售等各个方面的决策。"管理就是决策"，如果决策失误，那么一切管理活动也就失去了意义。尽管人处于不同时代，站在不同的角度，对管理形成了不同的看法，但有几点是共同的：管理起源于人类的协作劳动，管理是对人的管理，管理是对组织内诸要素的优化组合。

管理是组织为实现自己的活动目标而有针对性、有目的性开展的一系列监管、控制活动。任何组织的运行都离不开管理，而管理也要以组织为依托。管理作为一种活动形式，它本身没有目标，所以组织运行不能为了管理而管理。管理的目标实质上就是组织的目标，组织的持续发展才是管理的根本追求。② 实施管理策略要奠定在符合一定条件的基础上，只有充分考虑组织内外的条件，正确认识组织的规律，管理才能更好地发挥作用。

"管理机制"奠定在管理结构的基础上，关联管理系统的内在功能和运行原理。管理机制是一种独特的机制运行模式，管理的过程应是持续的、动态的、发展的。与此同时，管理系统的内在关联和外部环境也处于不断发展与变化中。

三、高校教师管理机制

基于以上界定，在此将大学教师管理机制界定为：针对高校从事一线教学或科研工作，并且具备大学教师资格以及不同等级的高校教师专业技术职务资格的教师群体，实施的一系列激励、保障和约束等管理活动，从而合理地配置教育资源，促进大学教师的发展。大学教师管理机制主要包括激励机制、保障机制和约束机制，这三个机制协调运转保障教师生活的同时，通过激励和约束管理教师日常的教学科研工作，让大学教师的生活和工作都得到保障。

（一）高校教师管理制度

关于高校教师管理制度，有些学者称之为高校师资队伍建设或高校高素质人才队伍建设，还有学者称作高校教师管理，而这些概念的内涵基本趋同。在此所探讨的高校教师管理制度，是基于一般性的高校教师管理制度，针对高校的特点和高校教师的特殊情况，建立起的一套科学合理、可操作性强的教师管理制度。高校教师管理的内容比较广泛，涵盖了教师资格制度、教师职务制度、教师聘任制度、教师培养制度、教师考核评价制度、教师激励制度、教师退休制度等，这些制度构成了系统的教师管理制度。

这里主要针对高校教师管理的核心环节即教师聘任制度、教师培养制度、教师激励制

---

① 阎德明.现代学校管理学［M］.北京：人民教育出版社，1999：4.
② 单宝玲，辛枫冬.管理学原理［M］.天津：天津大学出版社，2004：1—5.

度、教师考核评价制度进行研究。教师聘任制度是教师资格制度和教师职务制度之间承上启下的重要环节，是教师管理制度的核心；教师培养制度是改革教师教育、提高教师专业化水平的重要环节；教师激励制度是为了达到既定的目标而采取的一系列激发教师潜能，调动教师工作积极性和自觉性的组织系统；教师考核评价制度目的是选拔人才，充分调动教师的积极性，考核的结果作为续聘、解聘、职务变动和奖惩的依据。

（二）高校教师聘任制度

学校和其他教育机构应当逐步实行教师聘任制。教师的聘任应当遵循双方地位平等的原则，由学校和教师签订聘任合同，明确规定双方的权利、义务和责任。教师聘任制度是基于双方自愿平等的意愿，由学校或者其行政部门根据教学的需要，聘请有资质的人员担任教师职位的一项制度。学校和教师基于平等、自愿的原则签订劳动合同，并明确双方的权利和义务。教师聘任制度包括招聘、续聘、解聘和辞聘等形式。招聘是指高校根据教学需要面向社会公开选拔具有教师资格的人员。招聘通常具有公开、直接、自愿、透明度高等优点。续聘是聘期满后，高校与教师继续签订聘任合同，学校对教师在聘期内的工作满意，教师对所从事的岗位和所获得的报酬满意，双方自愿续签聘任合同。解聘是指用人单位因某种原因不宜继续聘任教师，双方解除合同关系。聘任合同具有法律效力，用人单位在解聘教师时除有正当理由，否则应承担相应的法律责任。辞聘是指教师主动请求用人单位解除聘任合同的行为。对辞聘要区分各种不同的原因，分清所应承担的相应的法律责任。

（三）高校教师培养制度

教师培养是高校不断发展的一个重要环节。它不仅有力促进学校的学科发展，还对于提高教师的队伍建设有着积极的推动作用。高校教师培养是通过多种形式、多种途径和方法，提高教师的政治素质和业务素质，同时还培养教师的创新能力、职业道德等综合素养。

关于教师的培训，各级人民政府教育行政部门、学校主管部门和学校应当制订教师培训规划，对教师进行多种形式的思想政治、业务培训。国家机关企业事业单位和其他社会组织应当为教师的社会调查和社会实践提供方便，给予协助。教师培养主要是针对那些已经具备资质的教师，通过组织他们进行业务学习，掌握教学理论和教学方法，提高政治素质和业务水平，从而培训一批各学科的带头人和教育教学专家。

针对高校教师的培养，则是采取各种有效的方式，有组织、有计划地进行教育和培训，以在职培养为主，使教师更好地履行岗位职责。高等学校教师培训工作要贯彻思想政治素质和业务水平并重、理论与实践统一，按需培训，学用一致，注重实效的方针，坚持立足国内，在职为主，加强实践。培训对象要以青年教师为主，使大部分青年教师更好地履行现岗位职务职责，并创造条件，及时选拔、重点培养在实际教学、科研中涌现出来的优秀青年教师，使之成为学术骨干和新的学术带头人。高校教师培养的方式包括在职培养

（包括在教学和科研实践中培养和在职培训，如参加国内外高水平的学术会议，交流讲学，著书立说，与国内外同行进行合作科研等）、脱产进修（包括做国内访问学者、出国留学或合作研究等形式）等。

（四）高校教师激励机制

高校教师激励机制，就是高校为了达到既定的工作目标，所采取的一系列激发教师的内在潜力，使其切实感到力有所用、才有所展、劳有所得、功有所奖，自觉努力地朝着预期目标奋进的方法、措施和程序的总称，是一个充分调动高校教师积极性和创造性的动态组织系统。

健全有效的高校教师激励机制具有激励内容的生动性、激励形式的催进性、激励目的的引导性和激励本质的科学评价性等特点，它能使教师在心灵深处建立奋斗目标和约束性行为规范，形成勤奋、持久地进行创造性劳动的动力。

（五）高校教师考核评价制度

国家实行教师资格、职务、聘任制度，通过考核、奖励、培养和培训，提高教师素质，加强教师队伍建设。《中华人民共和国教师法》第五章专门就教师考核做出了规定。教师的考核是指各级各类学校和其他教育机构以《中华人民共和国教师法》《中华人民共和国教育法》为依据，按照关于教师考核规定的考核内容、原则、程序、方法，对教师进行考察和评价，以激励教师忠于职责，为教师的职务聘任、晋升工资、实施奖惩、培养培训等教师管理工作提供法律依据。

高校教师考核应当客观、公正、准确。对教师的考核要从客观实际出发，实事求是，全面地对教师做出合理的评价，要防止凭主观印象来考核教师。考核要公正，公正与否关系到教师考核工作的成败，应严格按照考核标准、程序、办法进行。在客观公正的基础上，教师考核要做出与其实际表现相符合的评价，杜绝夸大或缩小。教师考核的结果应和教师的受聘任教、晋升工资、奖惩挂钩，和教师的切身利益相结合。否则，就失去了教师考核的意义。

第二节　高校教师人力资源配置的相关内涵

一、人力资源

在现代组织中，人力资源是组织资源的重要组成部分。组织的物质设备资源、技术能力资源、财政资本资源、社会资本资源和人力资源构成了组织资源的总和，是组织发展和生存的基础。

随着"人力资源"这一概念的不断深入，有更多学者在不同的领域开始展开对人力资源的研究。迄今为止，对人力资源的定义，不同的学者有不同的解释。根据研究角度的不同，对人力资源概念的定义一般从广义角度去理解。即在一定范围内能够作为生产性要素投入社会经济活动的全部劳动人口的总和。[①] 它分为两部分，潜在的人力资源和现实的人力资源。现实的人力资源指一个国家或一个地区在一定时期内拥有的实际从事社会经济活动的全部人口，包括由于非个人原因暂时未能从事劳动的人口、投入经济运行的人口和从事劳动的人口，也被称为"劳动力资源"。正在培养成长的储备状态下逐步具备劳动能力的人口，但因为一些原因不愿意或不能从事社会劳动的就是潜在的人力资源，潜在的人力资源可以在一定条件下转化为社会经济活动的人口的总和。

两个方面能够体现一个国家或地区的人力资源结构。人力资源数量是第一个要素，是人力资源量的特征，是人力资源总量的基础性指标。国家的特征与广义的人力资源数量和人口数量成正比，是对国家人力资源绝对量水平的反映。人力资源质量是第二个要素，是反映人力资源质的因素，体现了人力资源总体素质的指标，在国家和社会发展过程中，人力资源的质量因素的作用比起人力资源的数量因素更为重要。

人力资源本身具有以下几种特征：人力资源生成过程的时代性与时间性；人力资源的能动性；人力资源使用过程中的时效性；人力资源开发过程的持续性；人力资源闲置过程的消耗性；人力资源的特殊资本性；人力资源的高增值性。

综合以上观点，在此对人力资源的定义为：人力资源是指人的体力和脑力的总和，它能被组织利用并且为组织创造一定的价值。换言之，人力资源可以从数量和质量两个方面来解释：人力资源数量是指组织中具有智力劳动和体力劳动的能够推动社会经济发展的人们的总和；人力资源质量是指在生产过程中所投入的能够推动经济社会发展的能力。

二、人力资源配置

人力资源配置是人力资源管理的起点，也是终点，任何一个组织目标的实现，都要求组织中合适的人做合适的事，做到人尽其能，所以做好组织的人力资源配置对组织目标的实现至关重要。有学者从人力资源管理的角度来研究人力资源配置，人力资源配置就是在"以人为本"思想的指导下，在知人认事的基础上，对与一定物力相结合的人力进行合理组织、协调、调配等工作，使人力、物力保持最佳的比例，以满足组织当前及未来的发展需要，保证组织目标的实现和组织成员发展的最优化[②]。人力资源配置就是解决"用人"的问题，没有无用的人，只有错用的人。所以，也就是要不断地协调人与事、人与人之间的关系，实现人与事、人与人之间相互和谐的最佳状态。

二十世纪中叶，西方经济学的人力资本理论产生带动了人力资源管理的兴起。管理者或组织者甚至国家政策的制定者受到人力资本理论的影响而转变思想，不再将劳动力当成完成任务的工具，而是将其当作财富和资源，有利于促进国家经济进步和社会发展。

---

① 黄德维．董临萍人力资源管理 [M]．北京：高等教育出版社，2014（4）：1—15.
② 刘琦．高校人力资源配置的统计及合理配置分析 [D]．西安：西安电子科技大学，2009.

　　二十世纪七八十年代，现代人力资源管理打破了传统的人事管理理念，形成了新的管理理念、方法和系统，具体是指国家和组织为促进和开发内部的人力资本的发展，对其的现状和未来进行统计、投资、规划、培训、成本收益核算、保障、使用、发展和研究等一系列决策和组织活动。国家对人力资源整体的管理就是宏观的人力资源管理，它以社会经济发展的总体规划为立足点，在人力资源管理领域有计划地投资，拓展人力资源继续教育、培养的专业和路径，人力资源整体结构的合理性和适应性得到保证。狭义的人力资源管理是组织或国家管理管辖范围内的人力资源的活动，而构成人力资源管理活动内容有五个方面，即识才、用才、选才、留才和育才，这五方面也同样构成了人力资源管理的内容。

　　综合上述观点，在此认为人力资源管理是不同部门中不同组织根据人力资源管理和开发的目标，对其所有的人力资源开展的职业发展、战略规划、绩效评估、甄选录用、开发培训、薪酬管理和设计、法定权利保障等多项管理过程和活动[1]。

三、高校教师人力资源含义及特点

（一）教师人力资源内涵及范围

　　教育资源，即可供教育利用的资源，具体包括人才资源、物力资源以及财力资源。教育体系中的人才资源包括教师和学生，教师作为既成人才，拥有充足的知识储备和高尚的道德情操，负责对学生进行传道、授业、解惑，是学生成长过程中的领路人；学生作为准人才，在教育系统中处于受教育的角色，在学业生涯中汲取教师智慧、培养实践技能、陶冶品德修养。教育体系中的物力资源包括校舍、图书资料、实验设备、教学工具等。而财力资源是教育系统中人力资源、物力资源的货币表现，是实现人力、物力资源优化配置的根本保证。高校教师既从事创新性的劳动，是高素质、高智慧、高品行的代表，又负责学生们的教育教学工作，所以高校教师资源是人力资源，也是教育资源。

　　对高校教师资源的界定，张光辉把教师资源分为显性及隐性[2]，显性资源包括教学、科研人员，属于高校内部教师资源；隐性资源包括高校外聘的学者、专家以及社会成功人员，属于高校外部教师资源。接着，他从宏观层面概括高校教师资源是高等教育系统范围内所有人员所具有的劳动能力的总和；从微观层面概括高校教师资源是高校中从事教学、科研、管理和后勤服务等工作的教职工总体所具有的劳动能力的总和。肖阳认为大学教师就是具有一定职称，拥有专业知识，能利用丰富的知识储备对学生进行专业训练，进行知识传授的人才资源[3]。在此认为，高校教师资源指的是在高等学校负责教书育人，具有科研能力、钻研精神、高尚品德等的综合性人才集合，在高等教育体系中可被开发、利用、

①　廖泉文. 人力资源管理 ［M］. 北京：高等教育出版社，2011（7）：249－399.
②　张光辉. 高校教师资源优化配置研究 ［D］. 南京：南京航空航天大学. 2007：7.
③　肖阳.S 大学教师资源配置研究 ［D］. 大连：大连海事大学，2016.

保护、调配，为高校教育教学、科学研究活动直接提供智力及技术要素的人员，包括校内的专任教师以及校外专兼职教师两类。之所以将校外专兼职教师作为高校教师资源的一个组成部分，这对高校教师的实践教学能力提出了更高层次的要求。而校外的专兼职教师，例如，企业的工程师、研究员、管理人员等一线人才，其他高校的学科带头人、教授、专业负责人等，则是高校教师队伍中实践教学部分最重要的补给力量：一方面他们不仅能够迅速把握市场一线所需人才的培养要求，在短期内应对因校内专任教师实践经验匮乏所出现的师资薄弱问题；另一方面，可促进校内教师资源的多元化发展，丰富教师整体的内涵素养，有利于学校更好地实现人才培养、科学研究、社会服务等职能。可见校外的专兼职教师同样也是高校教师资源中不可或缺的一类人力资源。

高校教师处于高校人力资源的主体地位，对高校的全面发展以及教育质量的提高具有重要的意义。教师个人的素质及整体水平直接制约着高校的教学水平、科研水平以及学校的办学效益。高校作为人才的聚集地，同时承载着国家培养人才的重任，无论是人力资源的数量还是质量都高于其他组织机构。基于人力资源的概念，高校教师人力资源是指高校教师所具备的知识、技能、经验以及科研能力等所有素质的总和。根据《普通高等学校本科教学工作水平评估方案（试行）》的规定，专任教师是指具有教师资格、专门从事教学工作的人员，其中也包括高校中具有高校教师资格且承担教学任务的"双肩挑"（行政、教学）人员。高校教师人力资源除了具有人力资源的一般特征之外，还具有自身特殊的特性。首先，高校教师与其他人力资源相比最大的区别是主观能动性；其次，高校教师的劳动成果的获得具有较长的时间周期，其劳动价值的转化是一个间接性积累的过程；最后，高校教师人力资源具有较强的流动性，高校教师面临日益增长的人才需求，为了实现自身价值的增值，往往期望更好的发展机会，这也是人力流动的内在驱动力。

（二）高校师资队伍

在高校发展中，学科建设是第一要素，教师队伍建设是中心，只有加强人力资源管理，促进教师队伍合理有序地流动，强化教学研究中心地位，建设一支高素质、高效率的教师队伍，才能提高高校的竞争力[①]。高校师资队伍也称专任教师队伍，从广义上讲是指学校在编的具有专业技术职务的人员，包括从事教学、科研及担任行政管理工作的专业技术人员，即师资队伍（或称专任教师队伍）人数＝专职教师人数＋科研、管理及其他岗位上的专业技术人员数。从狭义上讲，高校师资队伍主要指专职从事教学工作的人员，包括专业课教师、公共基础课教师等从事"纯教师"工作的教学人员，以及不是教师序列而具有专业技术职务并从事教学工作的人员。

一流的师资队伍是高校之间核心竞争力的表现，不仅表现为数量上的"多"，而且还强调质量上的"好"，又"好"又"多"才能助推高校发展，在激烈的竞争中赢得一席之地，使我国更多高校加入到"世界一流高校"的行列中。教师的培养需要很长时间，所以

---

① 王砧林．高校人力资源管理现状及对策思考［D］．武汉：华中师范大学，2013．

师资队伍建设的过程是漫长的，需要经受时间的考验，要循序渐进，不能急于求成。一流师资队伍是一流大学建设的关键，更是一个国家高等教育发展的重中之重，合理的师资结构能够为高校建设注入新鲜活力，推动高校可持续发展。

这里主要针对广义概念上的高校师资队伍，即高校所有承担或服务于教学和科研两方面的具有专业技术职务的在编人员。高校师资队伍的内涵主要包括师资队伍成员的情况以及师资队伍的整体结构情况两方面。师资队伍成员的情况又包括师资队伍的数量和质量，高校师资队伍的数量常用高校专任教师数和生师比等指标来考察，一定数量的师资队伍是高校教学科研工作能够正常运行的前提条件。高校师资队伍的质量主要是指其个体素质，包括教师自身的身体素质、思想道德品质、知识文化水平和能力素养等。而通常高校师资队伍结构包括年龄结构、学历结构、职称结构、学缘结构和学科结构（或称专业结构和知识结构）等①。

高校要重视师资队伍建设，优化师资结构，搭建合理的人才梯队，注重人才引进的同时更要注重人才的培养，进行深度的人力资源开发，让优秀的人才都能发挥出他们最大的价值。因而，高校必须根据自己的实际情况，认清当前的形势，打造一支高素质的师资队伍，助推高校发展。

（三）教师资源的特点

与其他人力资源相比，高校教师资源因职业特点，具有以下与其他人力资源不同的特性：

第一，高校教师资源劳动具有难计量性。高校是运行教育、科研、培训的主要场所，其中教育教学活动是整个高校活动的核心和基础。教师作为活动的具体执行者，其最基本的活动及劳动成果就是培养社会所需要的高级技术技能型人才。因此，有别于其他行业特征。首先教书育人的过程没有完全一致的标准、固定的劳动步骤或者规则，所以无法精确的计算其劳动过程。又因为人才的价值是无形的，其价值的转化也需要相当长的一段时间，通过社会的验证才能显现，所以教师的劳动成果亦不能像其他企业的产品或者项目容易检验其价值。

第二，高校教师资源具有高时效性。高校教师主要是以教学和科研活动为媒介来传授、创造和应用知识，从而实现个人和社会价值。而当前在知识信息飞速更新的时代，高校教师势必只有不断适应时代变迁，实时更新自己的知识库，才能保证"育"时俱进，否则个人的价值会随着时间的推移而降低。因此，教师职业的本质要求，使得高校教师比其他行业的人员更重视及时地学习和再提升，否则会加速失去价值，无法有效实现教育的最终目标。

第三，高校教师资源具有高价值性。高校教师已不是只具有一般劳动能力的人，而是

---

① 刘莉莉. 高校师资队伍结构优化及其对策研究——基于世界一流大学的经验分析［J］. 东南大学学报（哲学社会科学版），2010，（06）：125－129＋136.

知识的承载者、传播者和再创者。首先从群体分析，高校包括不同学科，其教师资源也是由具有不同知识、层次不同的人所组成，其次从个体分析，每个高校教师所拥有的知识不再仅局限于自身领域的专业，还有跨专业领域的知识，同时还掌握教育学和心理学。可见他们是具有综合性知识的载体。同时，教师的核心职能之一是育人，因此他们是知识的传播者。他们根据一定的社会要求对受教育者有目的、有计划地培养，将之塑造成为知识多、能力强、素质高的各类人才，而他们又将成为新一批知识的传承者，同时将知识不断创新与运用，推动经济的发展。再者，高校教师自身也是知识的再造者，他们投入科研，不断突破专业领域瓶颈，创新知识。由此可见，在智力越来越成为经济发展的决定力量、且其他资源配置都将以人力资源配置为核心的时代，高校教师作为知识的拥有者、传播者和主宰者，其拥有的价值不言而喻且不可估量。

第四，高校教师资源具有高能动性。能动性是指高校的教师在工作中表现出较高的自主能动作用。首先，高校教师具有自我升值的强烈意识，会积极主动地通过自我教育、培训等途径不断追求知识的更新与补充，从而使自己的能力持续适应受教育者及学校、社会发展的需要。其次，他们对工作有自主创新力。因为高校教师普遍具有较强的自我价值实现的期望，所以他们对教学与科研有着不断求索和创新的精神，以求得自身能力的突破和事业的成就。此外，高校教师具有较强的育人情怀，会主动、有目的、有方向地与受教育者结合，培养优秀合格的社会人才。

第五，高校教师资源具有高流动性。在高校中教师普遍是具有高学历层次或者说高知识水平的人才。因此，他们普遍具有强烈的自我追求意识，以及内在的对精神需求的强烈渴望。主要表现在个人的价值体现、教育的社会情怀、科研的国家情结等，这些都促使他们对适合自身发展需求的环境充满急切的期待，这些正是促进高校教师流动的源动力。

掌握高校教师资源的特殊性，是为了在配置优化过程中，对教师资源有一个全面正确的认识，有利于发现高校教师资源配置目前所存在的问题，并有针对性地制定合理原则，提出符合教师人群特点的配置措施。

(四) 高校教师资源结构

高校教师资源结构指构成师资队伍的不同层次以及层级之间的相互关系，代表教师群体或者个体所形成的素质，"教师队伍的结构是否合理，直接影响着大学的教学与科研的整体的质量"[①]。高校教师资源结构可分为硬结构和软结构。

1. 硬结构

高校教师资源中的硬结构指教师群体素质结构，可以理解为教师素质的外在体现。具体包括，第一，生师比结构。生师比是每所高校的折合在校生数与专任教师总数的比值，生师比数值高低能够直接体现高校教师资源数量充足与否。第二，年龄结构。高校教师的年龄梯队呈青年、中年、老年三个层次，每一个层次要均衡发展，防止出现"断层"现

---

① 潘懋元，新编高等教育学 [M]. 北京：北京师范大学出版社，1996：184.

象。第三，职称结构。高校中职称包括正高级、副高级、中级、初级，另外还有一些教师未定职称，可以划分为未定职级行列，其中正高级和副高级的职称人数占比越高，说明该校教学实力及科研能力越强。第四，学历结构。高校中学历包括研究生、本科、专科及以下学历，研究生学历包括博士学位和硕士学位。目前，本科高校都会要求教师具有博士学位，而一些经济较发达地区的专科学校也会要求新进教师具有博士学位，高等学校教师的学历层次已经普遍向博士学位看齐。拥有越多博士学位的教师，就越能证明高校的教学和科研实力，越会推动高等教育的快速发展。第五，学缘结构。学缘关系是人际关系中的第四缘（其他三缘分别为血缘、地缘、业缘），即"通过在某一机构学习或培训建立起来的学生、校友、教师、机构等相关个人、群体和机构之间的关系"①。当学生毕业回到母校任教，角色定位发生转化——由学生角色转为教师角色，这类教师如果数量过多，就会造成高校的"近亲繁殖"，减少了其他高校优秀人才流入，不利于拓宽学校发展路向，更不利于高等教育体系的健全与稳固。第六，学科结构。学科建设的根本目的是服务区域以及国家重大的战略需求，学科结构指"不同学科在区域学科发展中的比率和数量关系"②，结构的合理性关系到高校学科建设的质量，体现了高校学科的综合竞争力。学科类型包括基础学科、新兴学科、特色学科等，而这些学科所涵盖的是基础专业、新兴专业以及特色专业等，对于不同学科及专业的发展和兴盛离不开学科带头人及专任教师的支撑与推进，只有各类学科及专业间的教师资源数量及质量达到一定要求，才能真正使得学科及专业建设落到实处。

2. 软结构

高校教师资源中的软结构指教师个体素质结构，可以理解为教师素质的内在表现。具体包括：第一，理论知识结构，高校教师应该具备广博的基础知识、精深的专业知识、扎实的育人知识、实用的外语及计算机知识等；第二，能力结构，高校教师的能力结构包括精准的教育教学能力、高深的学术思维能力、敏锐的洞察能力、流畅的语言表达能力等；第三，思想道德结构，高校教师要做到德行为先、立德立身。其次要有正确的世界观、人生观和价值观，最后有高尚的理想情操；第四，生理心理素质，健康的身体是革命的本钱，拥有康健的体魄会使教师无论在课堂教学上还是实验操练时，都能精力充沛、得心应手。健康的心理则是教师能够坚守讲台的不竭源泉，教师要正确地看待教学和科研任务，摆正心态，用积极、阳光、正确的态度面对教学科研中的诸多压力。

四、高校教师人力资源配置与优化

（一）教师人力资源的配置

高校教师人力资源配置就是指高校以学校的发展目标为中心，通过精简学校的组织机

① 罗志敏.大学—校友关系的关系性研究 [J].浙江大学学报（人文社会科学版），2018，48（05）：118−132.
② 李韵婷，张日新."双一流"背景下省域学科结构与竞争力评价 [J].教育评论，2019（05）：9−13＋69.

构，对教师人力资源在空间和时间上进行优化组合，包括对教师人力资源的工作规划、教师的测评与聘用、对教师的激励等，在教师人力资源与其他形式资源相结合的基础上，不断开发和培养教师人力资源，促进教师人力资源的合理配置，提高其利用效率。从宏观角度而言，高校教师资源配置是指在政府的宏观调控和市场基础作用下，教师资源就数量和质量两项指标在各地区间反复动态分布的过程，以满足区域间对教师资源不断变化的需求。从微观角度而言，高校教师资源配置是指高校根据国家地方政府制定的相关政策法规，以及教育事业的发展规律和需求，在其教师资源分配为既定的条件下，充分考虑教师资源的特殊性，通过内部机制的调整以及外部资源的借力，使教师个体处于合适的岗位，而整体教师资源处于优势组合状态，最终实现组织效益。

（二）高校教师资源配置优化

1. 高校教师资源配置优化的定义

针对高校教师资源配置优化的工作，从宏观层面可以理解为，将地区教育发展战略融入经济发展规划中，通过政府调控、学校主导、企业配合，总体的教师资源被合理、适当地引到不同地区、不同类型层次的公办高校，并得到有效的利用，使整体教师资源产生最大的效益；微观层面可以理解为，各大高校根据自身发展的近期和远期目标，按照基本的人力资源规则，通过一定的方式方法把适应高校组织发展需要的教师及时、合理地安排在所匹配的岗位上，减少教育资源（人、财、物）浪费，提高各项资源的使用效率，力争以最小的教师资源消耗，创造出较高的教育质量、服务质量，以及更多更优的科研成果。

2. 高校教师资源配置优化的目标

高校教师配置优化是一个动态渐进的过程，优化的目标与高校所处的时代、社会背景及其所处的发展阶段有关。教师资源配置优化的目标，整体而言，应该表现为总量合理、结构科学、质量优良、效率可观。

总量合理即教师资源总数与教学规模相适应，侧重在量。一般而言，办学规模越大，学生数量越多，那么教师数量随之呈正比例增加，但总量不能过大，一是总量过大会容易造成教师资源的浪费；二是会增大人力资源的成本。同时，总量也不能过小，这样易增加个体教师压力，不利于整体效用的发挥，致使难以达成学校办学的理想目标。

结构科学、质量优良主要是指教师群体多项可以量化的要素达到合理的标准，其目的是保证教师队伍发挥优质高效的潜力。高校的教师资源结构主要是指职称结构、学历结构、专兼职教师比例、"双师型"教师比例等。所谓结构科学并不是一个绝对的概念，而是一个相对的概念，高校教师资源结构应该在高校组织结构保持动态调整的过程中自然形成。而结构中元素的比例合理性、科学性直接影响整个组织的质量和优势效益的发挥。

效率客观表现在，从学校组织层面而言，学校的教师资源配置需要根据学校自身发展的需求和办学特色，以合理的教师资源结构为教师队伍的框架基础。再通过完善各类机制营造好内部环境，同时借力外部环境充分调动每一个教师个体的积极性，使其主动地开发个体潜在的能力，从而强化和凝聚群体的整体功能，实现组织最大化的效率。从整体区域层面而言，则是地区间教师资源总量以及质量的配备、结构的分布，都要以地区经济、历史、自然等客观条件为依据，实现教师资源有序的流入流出，以及最大化的共享和最佳的优势组合。

（三）高校教师资源配置阶段

每一所高校都如同盛放资源的容器，伴随着教师资源的流动性，高校可以时时吸收新鲜的外来资源，进行内部消化，促进自身教育系统进步发展。但随着外部或者内部因素的影响，所引进的教师资源会呈现两极分化，一极朝向职称评选、专注科研、认真教学的积极方向稳步发展；另一极朝向怠惰上课、无心学术、浑噩度日的消极方向渐失活力。由此对教师资源进行配置需要从三个阶段进行分析，分别是高校教师资源流入阶段、高校教师资源维持阶段、高校教师资源流失阶段。

高校教师资源流入阶段。教师资源流入阶段涉及教师引进、教师聘任、教师分配三个部分。教师引进是指学校根据学科需求、专业规划、学生数量等要求制定人才招聘公告，吸引符合条件的教师资源，让其为该校教育体系建设服务。教师聘任则是学校通过笔试、面试等选拔方式筛选出最符合学校发展的人才资源，通过签订合同的方式让教师与学校达成一定契约，使新进教师成为高校教师队伍的一部分。随着教师引进、聘任的落幕，接下来就到岗位分配环节，因为在此探讨的教师资源主要是负责科研和教学的专任教师，所以教师分配就是学校根据专业需求、学科建设等条件选择合适的教师就任适合的教学岗位，使其发挥最优价值。

高校教师资源维持阶段。教师资源维持阶段涉及教师培训、教师薪酬、教师考核评价、教师激励四个部分。教师培训分为岗前培训和在职培训，岗前培训是高校对新任教师的职前培训，培训内容主要包括高等教育学、高等教育心理学、高等教育法规以及高等学校教师职业道德修养等课程，一般以集中授课的方式进行，具体形式可以有专题讲座、教学观摩、讲评等，用闭卷考试的方式进行考核。在职培训指的是对已经拥有高校教师资格证的教师，并且接受过岗前培训，基本上适应教学岗位的教师实行的。目前教师在职培训方式有研讨式学习、专项研究、自主学习、课堂传授等。教师薪酬普遍实行差序式结构，差序式指的是薪酬曲线比较陡峭，薪酬差距较大。我国高校内部薪酬由岗位工资、薪级工资、绩效工资以及津贴补贴四部分构成。岗位工资由教师所聘岗位决定；薪级工资与教师年龄、资历、职称以及历史贡献挂钩；绩效工资与工作业绩以及现实贡献有关；津贴补贴则是高校的一种福利，包括节假日奖励、出差补助、加班补贴等。关于教师考核评价，就是对教师的课堂表现、教学任务完成度、学术成果等方面进行的一种客观衡量，负责评价的学校组织者会制定相应的评价标准，逐条进行审核。评价方式有学生评教、同行互评、专家评价、学校领导评价、教师自评等。教师激励是教师自身以及所在高校的激励方式，对其心理激发或者心理满足的心理反应，可以分为物质激励和精神激励。物质激励主要有薪酬绩效激励、职业技能培训激励、配备良好的教学工具、给予舒适宽敞的办公场所等；精神激励主要包括职称晋升激励、情感关怀、知识共享、和谐的人际关系、充分的信任等。

高校教师资源流失阶段。教师资源流失包含显性流失和隐性流失，显性流失即教师与学校解除劳动合同，从学校离职；隐形流失即教师在岗在职，却不能认真教学、钻研学术、提交成果，出现不求上进、泄气怠惰、浑噩倦怠的情况。

五、高校教师人力资源管理

（一）招聘与人力资源配置

人才招聘与配置是人才"引"和"用"结合的艺术。高校教师主要来自四个方面：一是学校退休教师和管理人员，他们教学及管理经验丰富但年龄较大；二是毕业不久的年轻教师，他们有热情却经验不足，且面临着职业转变的过渡压力；同时还有评职称、住房、医疗、保险、退休保障等一系列问题，因此，往往不会待得长久；三是以高薪聘请的公司高管或从其他同等学校挖来的"双师型"骨干教师，这部分人具有比较丰富的企业实践经验和深厚的理论功底，但面对学校的学生在智力能力、知识水平和家庭背景等方面参差不齐的问题，使他们原来在公司所形成的那一套企业教学方法难以适应现实需要；四是通过校企合作共同育人的方式，聘用企业专业技术人员来校担任校企合作订单班的兼职教师。总之，教师队伍普遍存在教学负担过重、教师年龄结构不合理、骨干教师匮乏、"双师型"教师队伍人心不稳等问题。

（二）培训与开发

培训开发旨在帮助员工胜任工作并挖掘员工的最大潜能。高校对教师培训与开发一方面是从经费上进行支持；另一方面是优化教师师资队伍建设制度。一是从教师培养专项经费中划拨足够的教师培养专项经费；二是鼓励具有高教系列中级以上专业技术职务的专任教师采取参加培训或自学的形式获取非教师系列中级专业技术职务资格或高工以上专业技术等级证书，学校报销相应培训及考核费用；三是高校教师参加学校提供的培训项目，所产生的培训经费按学校相关规定报销；对参加专业技术资格考试的教师取得合格证后，学校报销报名、考试费用。并且学校每年给予一定数量的教师进修经费，用于教师队伍建设，为教师队伍建设提供资金保证。在培训期间态度不端正，不遵守操作规程，违纪违规行为被查处的，按学校有关规定处理。无故不参加培训的，不报销报名费和考试费，产生的费用由自己承担。简化考核标准，采取培训过程考核与课堂教学能力达标测试相结合的方式进行考核，内容由出勤、课堂教学能力达标测试、教育教学实践和研究笔记心得体会四个方面组成。

从制度安排上，一是安排具有教师系列中级以上专业技术职务的专任教师到教育部职教师资培训中心或大中型企业进行培训，经对方考核鉴定合格的，按学校规定给予补助费用；二是优先派出"双师型"教师进修学习、参观交流，推荐参加校内骨干教师的培养和选拔，安排参与学生毕业实习、毕业设计、论文答辩等工作；三是每学期学校请专家学者或具有丰富实践经验的技术人员来校做专题讲座5次以上；四是学校严格落实教师到企业挂职锻炼的政策，充分利用假期时间，轮派专业教师深入企业一线，接受一段时间的实践训练；第五，从企业中选聘专业技术过硬的员工作为兼职教师加以培养，帮助其提高理论教学水平和教学实践能力，使其成为学校师资队伍的有力补充。

（三）绩效管理

绩效管理是指各级管理者和员工为了达到组织目标共同参与的绩效计划制订、绩效辅导沟通、绩效考核评价、绩效结果应用、绩效目标提升的持续循环过程，绩效管理的目的是持续提升个人、部门和组织绩效。所以，绩效管理的重要性是显而易见的。教师的绩效考核主要依据是教师是否有迟到、旷工、被学校通报或出现典型错误等，如果出现以上情况，学院领导将给予适当的扣分，如没有，老师们的绩效分数几乎无差别，这种没有详细标准的绩效考核是不能激励教师充分发挥主观能动性的，达不到激励的作用。

（四）薪酬福利管理

补偿、激励和收益是激励员工的最有效手段之一。目前，高校对"双师型"教师的薪酬福利与普通教师的薪酬待遇没有差距，但民办高校的激励方式远远达不到公办院校水平，即使也会在节假日发放一定的过节福利，但发放标准不因是否"双师型"而改变，更大的问题存在于职称改革带来的分配不均和分配不合理。很多"双师型"教师因职称偏低无法正常享受学校应有的高职称补贴。

（五）员工关系管理

劳动者和用人单位在劳动过程中建立的社会经济关系我们称为员工关系。目前，有少部分教师仍然抱着打工者的心态来从事教学工作。一直以来，高校教师权益未能得到有效保障，对于教师的户口管理、人事关系、社保、教龄等缺乏指导性政策。

高校员工关系管理可通过"双代会"（教师代表大会、职工代表大会统称"双代会"）来进行高层领导与基层员工的沟通，在"双代会"上，各级代表通过收集教职工代表反映的比较突出的问题和矛盾相对集中的问题列成议案提交学校，学校召开"双代会"讨论解决办法，虽有一定意义，却也解决不了大多数员工的诉求，教师提的最多的就是工资待遇问题，大家普遍认为工资收入太低、薪酬体系不合理。且一旦涉及到经济利益问题，一般大多不了了之，导致愿意提意见的代表越来越少，最后双代会也变成了应付会，影响了教师的满意度。

第三节　高校教师人力资源管理的相关理论及现实依据

一、理论依据

（一）需求层次理论

需求层次理论将每个人的需求比作金字塔的形状，并将它们从下到上分为 5 个层次，如图 1-1 所示。

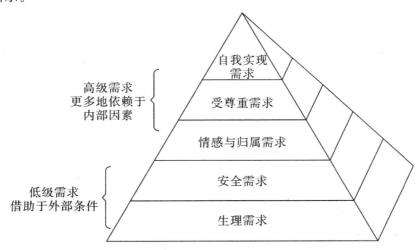

高级需求
更多地依赖于
内部因素

自我实现
需求

受尊重需求

情感与归属需求

低级需求
借助于外部条件

安全需求

生理需求

图 1-1　马斯洛需求层次理论模型图

其中生理需求是人类最原始的需求，也是这五大需求第一位的，这五种需求相辅相成，当一个人同时得不到这五种需求时，排在五大需求最下面的生理需求就会成为当下最需要满足的，排在第二层的叫作安全需求。社会是否稳定、事业是否稳定、生活是否安全，都是这个需求所满足的条件。安全需求也是人类的基本需求，与人类的生存息息相关。就像当一个孩子处于危险中时，他们首先想要寻求父母的保护，这是基于安全的需要。社会需要被认为是个人归属感和爱的需要。每个人都渴望关心、理解和帮助，这必须依附于集体组织。这与一个人的生理、经历、教育和宗教信仰有关。因此，这种需求是相互的、互动的。尊重需要包括尊重自己和尊重别人。工作实力、个人修养、独立自信、实力和优越感属于自尊；表扬、肯定、欣赏、荣誉和其他需要都属于别人的尊重。自我实现的需要位于金字塔的顶端。它是需要的最高层次，代表着对自我完善和自我实现的渴望。通过最大限度地探索自我能力，达到甚至超越自我的境界。事实上，很少有人能达到这个水平。每个人的个性、价值观和个人能力决定了他们是否能达到这一水平，而达到这一水平的方式因人而异。马斯洛需求层次理论为研究公立大学非工作人员的管理提供了最重要的理论基础。一般来说，当许多需要得不到满足时，必须首先满足低水平的紧急需要。只有满足了迫切的需求，才会有追求更高层次需求的欲望，才会产生真正的激励效果。

（二）综合型激励理论

激励理论是现代管理理论中的一个重要概念，主要认为系统的活动组织及其成员的个人目标是通过设计适当的外部奖励形式和工作环境来促进的，奖惩的公平性和合理性会影响员工的满意度，员工的满意度会成为激励员工努力工作，产生新的绩效的新动力。对于公立高校编外教职工来说，当这一群体在工作岗位上很好地做好了本职工作，但却长期得不到所期望的奖励措施时，其对单位的满意度也会随之降低，随之会导致工作缺乏动力，丧失积极性，从而影响工作效率。

有关管理的学术领域中，满足员工需求以及激励员工的方式始终是亘古不变的热点课题。从某个角度来说，对工作驱动力的探究的实质为管理领域中的激励问题，激励指可以引导某种行为的导向，使该行为发生下去的驱动力①。激励最终归宿在使人能够做出正确的行为，激发个体的行为热情，使个体产生最大的智力效应，做出最大成绩。激励通过满足人的需要，以行为主客体互动的形式达成所制定的绩效目的。激励理论对满足人的多元化需求、激发人们的热情的具体技巧做以细致的归纳②。激励理论以三个问题作为切入点：人究竟以什么动力驱动其行为，人的行为又是以何种方式被设以预定好的目标，如何使人的行为持续发展下去。即管理者共同关注什么因素能够对员工发生作用，激发员工的工作热情，亦即"用什么可以激励员工"的学问。在过去，激励理论一直是员工绩效提升的理论研究核心，即过去人们主要通过对员工心理需求的探析来研究动力问题。美国学者威廉·詹姆士曾在其研究中归纳出结论，人们的行为动机强度水平会对其行为的后果产生极为明显的影响，因此管理者务必要尽可能地提升员工的效率水平，只要以动机为切入点，就抓住了关键。因此，人们一直注重个体动机的研究。

双因素理论观点认为，每一次满足需求所能带来的激励效果都是不同的，其中物质需求往往是最基本的激励要素，如果没有物质需求的刺激，将会使成员感到不满意，然而即便物质需求可以满足，其作用也并不广泛，更无法做到持续。如果要激发个体的工作积极性，不但要关注物质方面的因素，其根本在于从精神层面上的激励，比如为大学教师的工作做以表彰，为教师给予晋升以及培训的机会。伴随着人们物质层面上的小康，人们也逐渐开始追求精神层面上的富足，当然这一观点并不是否定保健因素的作用，反而认为保健因素是刺激激励作用的基础保障。例如，只有为大学教师提供他们认为合理的工资水平，并且保证工作环境的安全，才能让教师感到满意，在此基础上才有动力去实现职业发展，进而出色地完成任务，追求自身的价值。因此，即便保健因素自身的激励作用不大，然而实现激励必须要拥有一定的保健因素③。

激励理论作为管理学的一般理论，对于大学教师的管理同样具有启发和指导意义。根据"双因素理论"，大学教师在生活、工作、安全方面的需求可以归纳到保健因素的范畴，为其满足这些层次的需求，可以使教师的不满得到一定的缓解，然而所起到的激励作用却并不大。必须要立足于大学教师的高层次需求，使大学教师产生一定追求成就的欲望，才可以使大学教师拥有不竭的工作驱动力，进而满足大学教师的尊重以及成就上的需求。大学教师的整体年龄水平逐渐降低，越来越多的大学教师对成功有着一定的渴求，满足其高层次的需求极具必要性。所以，管理大学教师必须要具有一定的人文关怀性，让他们感到教师职业能满足他们的基本需求并让他们得到充分尊重，这样才有了努力工作的动力，推动其实现个性化的发展，使大学教师自觉地为教育做贡献。大学教师具有优越的发展条

---

① ［美］杜布林．心理学与工作［M］．王佳艺，译．北京：中国人民大学出版社，2007：25.
② 景怀斌．管理心理学［M］．北京：科学出版社，2008.
③ 丁志同．高校教师绩效提升的动力机制研究［M］．苏州：苏州大学出版社2013：39—42.

件，教育质量才会有明显的提升，大学才会实现真正的腾飞。同时又要注意把握"激励"的适度性原则，如果不断采用物质性刺激手段，可能诱发人性的贪欲，最终产生扭曲甚至背叛，造成适得其反的效果。对于教师群体来说，一旦过多的物质刺激让他们更多地关注外在利益，却摒弃了教育工作者的育人快乐与学术造诣的内在动机，那么所有教学、所有科研都为了利益而存在，这显然违背了激励的初衷。

（三）绩效管理理论

绩效管理是指通过对个人或者团体的绩效进行辨别、评估以及发展，使所展现出来的绩效与组织目标相一致的管理的过程[①]。绩效管理的目标在于激发评价对象的工作热情，提高工作效率，促使组织的绩效成果达到最大化，达到组织和个人的双赢。人力资源管理的核心是绩效管理的理论体系和实行，其中，绩效管理体系主要包括制订计划、明确管理目标、长效稳定的沟通；收集信息并记录；评估绩效以及最后绩效的评估和提高等几个阶段。目前，有关绩效管理的研究成果中对绩效内涵和划分都有所不同，但其核心意义都在于对产出的关注，既包括组织层面也包括个人层面。因绩效本质的分歧，绩效理论分为绩效结果派、绩效行为派和绩效综合派。

1. 绩效结果派

这种理论认为绩效等同于一项或若干项工作后的结果和产出，这种观点主要始于早期针对一线生产工人等体力劳动者的研究，因为衡量其绩效的标准非常简单，直接以所分配的任务为指标即可[②]。其最主要的代表人物认为绩效是在特定的时间范围内，对特定的工作职能、活动或行为产出的结果记录，在绩效管理体系中，结果是关键的组成部分，而结果应该综合组织的内外部环境来界定，记录什么样的结果与组织所投入的资金、组织的战略目标、顾客的满意度这三方面密切相关。

2. 绩效行为派

这种理论认为绩效是员工在完成工作过程中表现出的一系列行为特征，如工作能力、责任心、工作态度、协作意识等。行为绩效的三维分类法，包括加入组织并留在组织中、达到或超过组织对员工所规定的绩效标准、自发地参加员工职责之外的活动。这一流派的核心观点就是绩效等同于行为本身，是行为的同义词，而不是结果，因为结果必然会受系统等多种因素的影响。

3. 绩效综合论

这种理论则综合了前两个流派的观点，将绩效视为结果和行为的综合，这也是当前比较通行的学说。这一观点认为绩效是为完成工作所付出的脑力和体力，其不仅仅是结果的测量，也是结果本身，行为是工作任务得以实施，高绩效得以实现的条件[③]，行为能够并

---

① 何卓然. 国有企业绩效管理中存在的问题及解决措施 [J] 经营管理，2012 (3)：85.
② 钱振波. 人力资源管理理论政策实践 [M]. 北京：清华大学出版，2004 (9)：46－53.
③ 方振邦，陈曦. 绩效管理 [M]. 北京：中国人民大学出版社，2015 (04)：02.

且应该是绩效的一部分。总而言之，这一流派认为管理者在进行绩效考核时既要考虑投入，也要考虑产出，也就是说既要看其是如何做的，也要看其最终结果如何。

绩效结果派将绩效仅仅视为结果强调的某个时点的结果，不符合教师科研工作注重知识积累的特性，也会导致对结果的形成过程缺乏正确的引导和有效的监督。绩效行为派将绩效仅仅视为个体的行为，过分强调工作的方式方法，会导致忽略实际的工作成果。因此，在进行高校教师激励模型的设计时采用第三种观点更为适宜，绩效是行为和结果的统一，即根据不同的绩效维度的特点，侧重于考察其工作行为表现或工作结果。

目前在我国各高校，还没有一套科学成熟的绩效考核体系运用于教师评价，大部分只采取季度、年度的总结以及民主评议等方式进行绩效的考核，这些方法的主观性太强，人为因素影响较大。缺乏客观的、量化的、科学的考核指标。如何突破传统考核制度的弊端，将绩效管理理论因地制宜地运用到高校教师的管理中去，从而使得教师的发展达到最大化？

在教师管理体系中，绩效管理理论作为一种有效的刺激方式，在提升效率等方面的效果显著，并且绩效管理理论在企业管理发展中已经相当成熟了。将绩效管理理论运用于高校管理中来，具有一定的适用性和可行性。但是，高校与企业的区别还是相当巨大的，作为具有一定公共性质的高校来说，社会效益是其追求的主要目的，因此，通过绩效管理的操作和组织来达到提升高校高效运行中的社会效益最大化目前是一个十分重要的课题。在青年教师学术发展事务管理中，绩效管理中相关理论的实施，如绩效的界定、评估、监督以及反馈都是决定有效评价青年教师的关键。因此，针对青年教师的阶段性特征，实施相应的绩效策略，实行有效的绩效管理，才是高校教师管理中的重要课题。

（四）薪酬分配的公平理论

该理论由美国心理学家提出并逐步发展而来，强调公平并不意味着所有雇员必须得到完全相同的待遇。首先，管理者需认识到，雇员得出自己不被公平对待的决定，是他本人内心独立推理与感受到的。而后，管理者需要判断出，哪些奖励或贡献是雇员认为应该得到却未得的，以及谁是雇员用来对比的对象。高校在对编外教职工管理中，编外人员会不自觉地和同岗位的在编人员在薪酬、晋升等问题上进行比较，如果同等工作量下却不能得到和在编人员一样的待遇，久而久之，就会让编外人员产生不公平感。

（五）劳动力供求理论

任何社会组织在现实活动中都会产生对劳动力的需求，与产品需求不同的是，组织对劳动力的需求属于间接需求，即组织为实现生产和销售产品获得收益而引致对劳动力的需求，而劳动者需求取决于消费者对最终产品和服务的需求水平。也就是说，在组织确定其发展目标的前提下才会有对劳动力的需求。组织需要的不是劳动力本身的消费，重视的是劳动力在使用时所产生的效用与组织目标是否一致或对组织实现目标的价值如何。一般来讲，劳动力需求主要受技术、组织目标以及社会制度的影响。第一，组织中不同技术系数的工作对劳动力数量的需求也存在差异；第二，在生产技术系数既定的条件下，组织对劳动力的需求主要受组织目标的影响，企业以最小的生产成本和最少的劳动力需求来实现利润的最大化，而非营利组织的目标是社会效用最大化，对劳动力的需求也并非是越大越好；最后，计划经济体制和市场经济体制对组织劳动力需求的影响也是不同的。在高度集中的计划经济体制下，国家统一按照行政配置规则对劳动力资源进行配置，并以相应的制度予以保证；而在市场经济体制下，组织在劳动力资源配置方面有较多的自主权，政府仅通过一定的制度来影响和干预组织对劳动力的需求，从而把组织人力资源的配置规范在法律允许的范围内。

劳动力供给是指市场上所有愿意提供劳动的劳动者，主要包括应届毕业生、待业人员以及在职同行人员等。劳动者供给分为内部供给和外部供给，内部供给指的是组织内部现有人力资源的供给，外部供给是指不断补充组织人员的外部劳动力供给。组织人力资源的调配一般以现有内部人力资源供给为主，而生产规模的扩大则需要通过招聘外部劳动力来满足组织对人力资源的需求，产生外部劳动力供给，从而形成外部劳动力市场。劳动力供给主要受工资率的变化，两者呈反方向变化，最终形成均衡工资。当市场工资高于均衡工资时，会产生劳动力过度供给的现象，为了避免失业，劳动者一般会降低对工资的要求，最终达到均衡工资，而当市场工资低于均衡工资时就会产生相反的作用。不过，在有些组织内，由于存在着工资的刚性要求，在既定生产规模的情况下，只能通过更多的激励手段来使劳动者发挥其最大的效能，从而相对减少劳动力的需求。虽然劳动力供给受诸多因素的影响，但劳动力的供给仍是一种自主行为，即劳动者的偏好是劳动力供给的关键因素，这种偏好在不同的劳动者身上存在着差异性，这种差异主要体现在劳动者的性格差异、工作类型的差异以及个人闲暇的相对价值差异等。

劳动力供求理论是高校人力资源配置的基础。高校根据自身的发展需要以及发展的水平来决定教师人力资源的需求数量和需求质量，在市场经济条件下的劳动力市场需要通过政府的干预与自身力量的结合才能达到最佳的竞争状态，高校教师的人力资源市场同样需要政府的适当干预，在更大范围内实行教师招聘，打破高校内部的教师劳动力市场，实现高校教师来源的多元化，一方面教师可以结合自己的偏好和相关的要求来选择学校；另一方面学校可以通过各种激励手段来获取优质的教师人力资源，从而实现提高师资队伍整体水平的同时优化教师人力资源的配置。

二、现实依据

（一）高校教师劳动的特点

高校教师的劳动内容包括培养高级专门人才和进行科学技术研究两个方面，这决定了高校教师的劳动具有以下特点：

1. 劳动的复杂性

教育的一个重大特点就是教育的不可重复性。工人生产的废品可以报废，农民栽种的树苗果苗，如果出现问题还可以重栽，而教育一旦出现"劣质产品"，不仅不可以"回炉"重新生产，而且还会给社会带来极大的危害。高校教师的整个劳动过程都是人相互作用的过程，即劳动对象、劳动工具和劳动"产品"都是人，而高校教师面对的又是具有一定科学文化知识、具有一定生活经验、具有一定独立思考能力的成年人，不同的学生具有不同的生活经历、个性特征，生理和心理上都存在极大差异。这就给高校教师劳动带来一定的复杂性，要求高校教师既要按照学校统一培养方案教育学生，又要做到因材施教。总之，教师的劳动过程不是简单的再生产物质产品，而是一种极其复杂的"精神生产"，是培养具有独立意义、具有主观能动性的人。

2. 劳动的创造性

由于劳动对象的复杂性和多样性，高校的教育教学活动就没有固定的模式和程序可套用，"教有法而无定法"。这就需要教师用创造的教育观念和教学手法来塑造每个学生，其次要根据不同专业的要求，不断更新理论知识、不断改进教学手段和教学方法，从而取得理想的教学效果，培养出适应时代和发展的新一代。

高校教师从事的是学术性脑力劳动，其劳动的创造性不仅体现在教学上，还体现在科研活动中。大学的三大职能：教学、科研和社会服务。科研作为大学三大职能之一，是高校教师工作的重要内容，这决定了高校教师要在本学科领域进行科学研究，并有自己的研究成果和成绩，工作具有创造性。而科学研究就需要有创新精神和创造性思维，发挥自由思想，这就需要比较宽松的环境，不应受到过分的约束。因此，高校教师劳动具有创造性。

3. 劳动成果的滞后性

高校教师的劳动对象主要是学生，而培养人需要一个漫长的时期，所谓"十年树木，百年树人"，高校教师劳动成果是无法很快物化的"精神产品"，这决定了高校教师劳动成果的显现也需要一段较长的时间。同时高校教师所从事的科学研究也需要较长的时间才能完成，而且要将科研成果转化为生产力也需要一个过程，因此，对高校教师进行考核评价时要充分考虑高校教师劳动成果的滞后性。

（二）高校教师职责的多样性

经过数百年的发展，教学、科研和社会服务已成为世界范围内被公认的高校教师的三大职责。

1. 教学

"传道、授业、解惑"是每位教师的天职，也是教师的基本职责。传道，即传授为人之道、为学之道，道之所存，师之所存。授业，即传授学业功课，帮助学生系统地掌握专业知识。解惑，即深入、细致地解答学生提出的各种问题，包括专业、社会和人生问题。能够胜任如此职责，才能称为合格教师。

2. 科研

科研作为高校的一项职能越来越受到各国政府的重视。科学技术的发展决定着一个国家的发展，高校教师也就被赋予了科研的职责。

3. 社会服务

高校教师社会服务职责主要包括两个方面：一是在院系或本校的组织机构中担任义务工作，例如，参加职位评聘或学生奖学金评议的各种教授委员会；二是从事校外服务，主要有两种：一种是在专业组织机构服务，如在心理学会或者高等教育研究会担任职务；另一种是为所在社区服务，如社区咨询服务。

第二章　高校教师师资队伍建设与管理

高校是培养人才的摇篮和人才聚集的基地,担负着人才培养、科研、社会服务的重要任务,教师队伍建设与人力资源的优化配置将全面推动高校学科建设和科技创新等多方面的工作。由此,完善高校师资队伍建设,优化高校教师人力资源配置,提高教师人力资源的利用效率,有利于高校更快、更好地发展。

第一节　高校教师师资队伍建设基本概念

一、高校师资队伍建设与实施

我国大部分高校自设立以来,都是极为重视师资队伍建设,根据学校自身的实际情况,为求教师队伍良性发展,积极探索各校具备自身特色的机制和策略。从各高校师资队伍建设的现状看,主要有以下一些基本做法。

(一)重视师资队伍的发展目标和建设目标

高校普遍实施"人才强校"的发展战略,把"数量足、质量高、少流动"作为师资队伍建设的目标,师资队伍建设已经纳入学校的整体发展目标。最终要从学校的定位及需求出发,建立结构合理的师资队伍,在人才保障的基础上,提升学校的办学层次,保证教学教育质量,增强学校的核心竞争力。

(二)重视高层次人才和"双师型"人才教师的引进

高校对人才一直秉持求贤若渴的态度,不少高校成立了专门的组织负责人才引进,制定有充分吸引力的人才引进条件,在引进方式上不拘一格,取得了一定效果。如山东英才学校为加快高水平应用型人学建设进程,进一步明确人才引进的对象为知名教授、专家、学者、教学名师、博士、副高级及以上专业技术职务的高层次人才,以及具有企业一线工作经验的技术专家,给予优厚的薪酬待遇,具体待遇等可以采取"一才一策"模式。对于不能全职的高层次人才,采取柔性引进方式,按照特聘教授、协聘教授、客座教授等形式,以科研合作、技术攻关、学术指导、学术交流、联合培养研究生、授课等为主,定期或不定期来学校开展工作。

(三)重视中青年教师的培养和提高

大多数高校为了实现师资队伍整体水平的提高,注重通过各种类型的培训提高青年教师的能力和水平，培养师资队伍的中坚力量，取得了明显的效果。如上海建桥学院每年对新进教师进行分类培训，对每位新教师均配备指导老师，积极参加各类型的培训交流活动，开展网络培训、组织教师出国交流学习。通过老教师的传、帮、带，提高青年教师的教学水平。

（四）重视有利于教师稳定的工作条件和待遇保障

高校为解决教师队伍的人才流失问题，根据各校实际，重视为教师创造稳定的工作条件和待遇保障，各校也探索出了各不相同但有效的措施。如文华学院实施有效的留人机制。一是环境留人，学院从教职工的生活、工作和学习等切身利益出发，努力为教职工创造优美舒适的环境。学院根据人才的学历职称，提供精装修住房，博士生可享受优惠的价格并且前两年免费。确保教师在进行教学工作时没有后顾之忧。二是待遇留人，学院对博士提供博士基金，另外对博士和硕士每月根据级别发放不同等级的津贴，对于优秀的青年教师，学院评审合格则每月对其发放优秀骨干教师津贴。三是事业留人，学院尽最大努力为青年教师提供进修、培训、学习的机会。为青年教师提供事业发展的机会，给青年教师提供实现自我价值的舞台，使青年教师产生学院归属感并立志为学院长期服务。

二、高校师资队伍建设取得显著成效

我国在各方力量全方位的努力下，高校师资队伍建设取得显著成效，主要体现在队伍数量逐渐增大，师德师风明显好转，业务能力得到提高，科学研究贡献突出等方面。

（一）队伍数量逐渐增大

不管是教育教学，还是科学研究，最基础的是队伍中有足够的教师，有了"做事"的人，才能进一步思考如何"做事"。自党的十八大以来，高校师资队伍规模不断扩大，呈逐年上升趋势。

1. 队伍数量的重要性

不积跬步，无以至千里；不积小流，无以成江海。这句古言告诉了人们量变和质变的重要关系，"数量的变化和性质的变化是一切事物变化的两种基本形式，无论什么变化，都可以归入这两类中的一种"[①]。世间每一种事物都有一定的量，而这种量在达到一定程度后，必定会引发一个本质的变化，如中国革命的成功、小康社会的全面建成。为了使事物达到质的飞跃，要求密切关注量的增长，从一点一滴的变化中累积转变的力量。教育从根本上说是做人的工作，是需要大量的人去做人的工作。在高校师资队伍建设中，充足数量的教师是高校师资队伍优化提高的前提，没有数量就无所谓质量，没有足够的人才资源，实现目标就无从谈起。随着普通高等学校招生规模的日益扩大，对高校师资队伍数量的需求也越来越大，适度合理的数量增长显得尤为重要。为了打造一支更好的高校师资队伍，

---

① 艾思奇．大众哲学［M］．北京：民主与建设出版社，2016：171.

增加队伍数量是首要基础，提高队伍质量是必要保证。

2. 队伍数量的变化

高校师资队伍建设正在不断加强，崇德尚能服务人才培养。高校教师数量增长明显，师德师风、专业素质和教学能力水平不断提升。随着高校师资队伍的大力建设，各高校不断引进优秀教师人才，扩大队伍规模，这在一定程度上缓解了高校教师缺口，相应减轻了一些教师的工作负担。同时，高校师资队伍也进一步年轻化，这在一定程度上带来积极影响。

（二）业务能力得到提高

每个职业都有一定的业务范围，业务能力强的人在处理问题时自然得心应手，高校师资队伍需要的就是业务能力强的人才。

1. 业务能力的内涵

业务能力是指从业人员在完成业务活动中所具备的综合能力体现，业务能力的高低与工作业绩的好坏呈密切的正相关关系。新问题每时每刻都在出现，而且多数又是我们过去不熟悉或者不太熟悉的。要认识好、解决好这些问题，唯一的途径就是增强我们自己的本领。高校教师作为一种特殊职业，有特定的能力要求。合格的高校师资队伍必须具备的基本业务能力有：良好的教学能力，选取合理的教学内容、采用灵活的教学方法开展课堂教学，遵守教育教学规范，不断提高教学质量；突出的科研能力，积极从事理论与实践研究，能深入把握国内外教育教学、思想政治工作的前沿进展，不断探索真理；较强的社会服务能力，在做学问的同时关注社会发展，具有服务社会、奉献社会的意识，不断贡献个人力量。业务能力强的教师，才能更好地处理职业生涯中遇到的各种问题，才能更好地培养德智体美全方位发展的青年大学生，才能更好地参与国家、民族的改革复兴大业。

2. 业务能力的提高

在高校的培训和教师自我的努力下，高校师资队伍的业务能力得到了有效提高。绝大部分高校教师能够将教学视为一个"双向互动"的过程，通过教学环节的精心设计，教学方法的优化与改进，调动学生主动学习的积极性，并在教学完成后及时反思不足、总结经验。作为高校科研的中坚力量，绝大多数教师能够明白自身担负的责任，并主动承担科研任务，具备敢闯敢干、刻苦钻研的精神，在合作交流中发现真知。通过高校师资队伍建设，绝大部分高校教师不再一心"埋头"教书、不问世事，而是能够依靠自己的学科知识为社会治理、国家改革建言献策，积极开展或参与社会调研，深入了解社会发展现状。高校师资队伍业务能力的提高，为高校教师更好地教书育人创造了条件，使其能够称得上是合格、称职的人民教师。

三、高校教师的需求与特点

（一）高校教师的需求内容

1. 对物质待遇的需求

物质需求是每个人最基本的需求。薪酬的需求是教师工作主动性与创造性的基本影响因素。所以，高校教师急切地需要提升物质待遇从而能够更好地为工作服务。例如，用较多的金钱购买相应教学所用器材，突破传统的教学方式，更好地为学生服务。教师也会投入很多资金购买与教学、科研有关的书籍，从而增强自己的知识储备，提高教学及科研水平。所以，薪资的激励对高校教师能够产生非常有效的激励效果，工资不仅仅决定教师本人的生活质量，也同时体现了教师在社会中的自我价值，尤其是其社会地位的认可度。不过，在诸多高校，工资和相关福利对于教师来说是相对固定的，相应职称、级别有着固定的工资，几乎不会变化，现行的工资标准起不到相应的激励效果。虽然近些年来高校教师在工资的纵向提升上已有了较大的改变，但在横向上，与其他行业相比较，其工资水平与社会地位仍然有待提高。有研究表明，工资收入、福利待遇等经济方面的收入是高校教师需求的最重要一个方面，高校教师在希望增加收入的同时也希望能够得到相应的公平公正。公平公正既包括了在高校内薪酬的分配公平与否，也包括了在社会上横向的其他职业薪资分配的多少[①]。

2. 对学术权力的需求

高校是知识传播、教育学生的教育场所，其主要内容是教学活动及科研活动。高校教师在工作中追求学术自由、权力与教学创新，学术自由与权力是高校教师需求的根本属性，学术自由与权力是指高校教师对学术内容与学校事务有直接管理和控制的权力，包括高校教师与学术委员会的关系，尤其是高校学术委员会的权力。尊重高校教师的自身价值与能力水平，首要的就是要尊重和保证高校教师的学术权力。不过目前来看，高校人力资源管理中行政内容过多，通常是以行政管理作为高校的主流管理方式，教师在高校学术决策权力普遍流于形式化，学术的行政化大大削弱了教师工作的积极性与相应激励机制的建立与运行。高校的管理是行政管理与学术管理相结合的组织机构，要重视高校教师对学术权利、自由的需求，不断调整相应制度，为教师创造出较为宽松环境，不断对学术权利与行政权力进行改革，构建学术权利与行政权力共同作用的学校事务处理机制，有利于更好地使教师激励机制运行。

3. 对发展环境的需求

高校教师在高知识水平之外，还有着素质较高、文化修养较高等特点，这就决定了高校教师在劳动的过程中对环境也有着一定的要求，这些环境因素包括了工作环境、制度环境、教学环境、学术环境以及人际关系氛围等。在这些环境中，学校的政策与制度环境在

---

① 冯德祥，孟令熙. 激励高校教师如何遵循公平原则 [J]. 辽宁教育行政学院学报，2006，（11）：81.

高校人力资源激励机制中起到了主导的作用，教师所关心的职称评定、薪资评定及评奖评优都与高校的政策与制度环境息息相关，这些都是对教师激励最有效的手段，能最直接地激励教师。高校教师在职业前景和自我实现方面有着强烈的需求，高校要通过高校行政体制改革、调整各项规章制度、更新管理理念等为教师创造更好的工作、教学、学术环境，使教师在追求自身价值的同时也能充分地为教育事业贡献自己的力量。教师希望在工作中能够有更加和谐的人际关系、更加浓厚的学术氛围，这样才能够更好地发挥个人的才能及创造力。这不仅能够更好地构建校园文化氛围，提高教师工作效率，也是对教师个人自身价值的一种肯定。

4. 对社会地位的需求

在经济社会高速发展的今天，高校教师在物质、生存等方面的需求已不是主要的追求目标。在物质、生存方面之外，还有对社会地位的追求。他们虽然希望得到较为丰厚的物质报酬，但对社会地位、他人尊重等方面的需求越来越高，对个人的职业发展也更为关注。他人的尊重能够使高校教师在工作上、生活中有一定的自豪感，作为一名栽培人才的教育工作者，教师的自豪感正体现于此。因此，给予教师一定的尊重，承认教师的价值，为教师提供一个提升自我的平台，使高校教师有渠道去不断提升个人能力，这就会对教师形成更加有效的激励效果。在高校内部的受尊重程度上，高校教师的地位主要体现在对职称的评定及科研能力的认可上。这两项是高校教师本职工作优秀与否的重要体现，同时体现出高校教师个人的工作成绩及学术地位的高低。职称的高低亦是大多数人评价教师的主要标志，且与工资相关[①]。

5. 对职业发展的需求

高校教师在社会各群体中是知识水平较高的一类群体，这是高校教师不同于其他职业的特点，高校教师知识性与学术性的特点使得高校教师有了很大的成就动机。从高校教师的职业特点切入，高校工作对智力要求较高，对教学与科研工作具体细则很难用相关标准进行规定，用量化的物质指标进行衡量也是不切实际的。对于高校教师最有效的激励方式就是扩宽教师职业发展渠道，提供更为广阔的发展平台，从而实现对自身职业发展的需求。自我实现是高校教师最高层次的需求，教师有着广阔的职业发展前景，这种前景激发着教师动机与教师自我实现相结合，对于教师的教学水平和科研能力都是一种促进，激发教师不断提高教学水平及教学方法，最终实现教学相长。

（二）高校教师的需求特征

期望理论强调组织和管理者要关注人的需求，以人的期望为出发点，针对个人期望的不同设计不同激励方式。高校教师在工作和社会中扮演着诸多的角色，这些角色的特点及职业的特点决定了教师需求的特殊性。主要表现在以下几个方面：

---

① 丁时辉. 激励教师的几种方法［J］. 山西教育，2008，（5）：51.

1. 需求的全面性

高校教师是属于社会上高级知识分子的一个群体，无论是文化素质还是其他素质都相对较高。高校教师的特殊性使得教师的需求也相对较高，除了较高的物质需求外，对于进修的需求、自尊与奖赏的需求以及成就的需求都相对较高。高校教师希望自身的收入能够处于社会的上层，从而获得较高的自尊心。在进修上，高校教师希望能够获得比较有层次的进修机会，从而更好地为教学、科研服务。高校教师对各方面都有着较为清晰的需求，使得高校教师在需求上具有全面性的特点。

2. 需求的主导性

教师是下一代人成长的关键因素，承担着对青年人培养、教育的重任。由于教师在劳动中的独立性、专业性都很强，教师在最起码的生存需求得以保障的前提下，对自身在社会中的评价更为重视。其职业、地位受尊重、受认可的程度能够体现高校教师的精神需求，也能够使教师认识到自我价值。教师有着独特的在专业上不断进步的需求，而这种需求正是高校教师运用到科研中的必备能力，同时提升个人学术水平及教学能力。总之，高校教师在事业上、学术能力上、教学水平上都有着较高的需求。

3. 需求的物质暂时性

高校教师的职业特点与其他职业的特点有所不同，高校教师的需求在层次上、精神需求上有着明显与其他职业不同的特点。当高校教师在最基本的物质需求得到满足后，往往不再过分强调更多的物质需要，其主要的需求就会迅速转到精神需求及在事业、名声等方面的需求，也就是高校教师的物质需求是暂时性的，绝非是持续的，只有当最基本的物质需求，也就是工资、福利等不能满足高校教师正常的日常生活时，物质需求才是他们需求的主要矛盾。

4. 需求的动态差异性

高校教师是一个庞大的群体，群体内的个体在认识、能力、性格等方面都有着诸多的差异，这些差异随着年龄增长、工作的时间增加，以及不断进步产生变化，致使教师需求呈现出动态性的差异。教师的需求众多，例如，对教学水平提高的需求、对学生成绩的需求、对科研成果的需求，也包括了对工作环境、晋升渠道、物质待遇等方面的需求。不同性格的教师、不同岗位的教师对其各自的需求都不尽相同，导致高校教师群体中需求的多样化出现，这也是高校教师需求上的一大特性。

第二节　高校教师师资队伍的现状问题及形成原因

一、我国高校师资队伍的现状问题

现阶段，国内高校逐渐建设了一支较为稳定且符合自身办学特征的师资队伍。然而，在师资整体数量、专业结构与教师管理等层面还亟待完善。基于教师数量层面而言，专任教师人数占据师资队伍比例低于 40%，与现行办学及全日制在校大学生规模较不协调，这意味着专任教师整体数量较少。基于年龄结构而言，高交专任教师队伍的年龄结构亦缺乏合理性，小于 30 岁的青年教师人数占据专任教师整体总数约 60%；大于 30 岁且小于 45 岁的中青年教师人数占据专任教师整体总数约 25%；大于 45 岁且小于 60 岁的中老年教师人数占比约 15%；大于 60 岁的老年教师人数占比约 10%。[①] 身为教育工作骨干的中年师资严重不足，师资队伍年龄结构比例协调，高校还未构建完善、科学的师资梯队。基于学位和学历结构层面而言，具有博士学位的授课教师数量相对较少，硕士研究生人数尽管在逐年增加，但高学历专职教师占比明显较少。基于教师管理层面而言，部分高校于教师管理制度变革过程当中，已经认知到师资队伍建设的重要意义，然而在师资队伍建设方面还存在部分缺乏合理性的规定，并未明确高校主管机构。同时，高校在师资队伍教育培训、职称评定以及教育质量评价等层面的制度机制尚未完善构建。这一问题严重制约了教师工作开展积极性，在较大程度上还会埋没优秀教师，甚至出现学校优秀师资力量流失问题，导致高校大学生难以接受更优质的教育，对教育质量和教育效果造成不利影响。

（一）结构不合理

首先，高校教师在数量方面还不够。高校没有国家财政拨款，全部采用资金自筹的方式，学校的建设能力和建设规模完全取决于投资方的经济实力和投资能力。总体来说，我国大部分民办高校在硬件设施和软环境建设上的投资都无法和公立院校相比，资金投入相对较少，在教师数量上更是远远低于公立学校，教职工都处于满负荷状态下工作。另外，教师培训进修、文化交流等活动的次数也相对很少。

高校专任教师资源长期不能配置到位的话，不利于高校的教学进步、学科发展以及教学改革，也不利于高校通过质量监控体系对任课教师进行监督和考核，这必然会阻碍高校的整体教学水平的提高和教学质量的改善。目前，高等院校优秀、高层次师资竞争激烈。各高校要想在激烈的竞争中生存和发展，必须提高质量，办出特色，建设一支良好政治素质、业务能力强的专职骨干师资队伍。

其次，高校教师在年龄、学历、职称、知识水平、行业经验、专兼职比例等方面都存在结构不合理的现象。年龄结构方面，在高校的教师来源中，以其他学校的退休老师和刚毕业的年轻硕士生为主，一老一少，缺乏有体力、有能力、有经验的中年教师，教师年龄结构呈"两头大中间小"的"哑铃"结构。相对民办高校而言，公办高校有着更好的福利待遇，有经验能力的中年教师还是不愿意离开公办高校到民办高校就职。这种形式的师资队伍结构具有很大弊端，容易使师资梯队形成断层，年龄较大的教师离开教学岗位，青年教师的能力水平又不足以支撑起整个学校的教学工作，就会严重影响学校教学水平的发展，民办高校理想中的以老为导、以中为主、以青为补的老中青三结合，具有合理年龄结

---

① 杨春林.高校教师管理和师资队伍建设现状及发展对策［J］.湖北开放职业学院学报，2022，35（02）：19—20.

构的教师队伍建设仍是任重而道远。

教师学历、职称结构不合理，博士学位的教师占比相对偏低，虽然无直接证据表明高学历教师教学各方面的能力更突出，但学历象征着师资队伍的整体实力水平，经过博士期间的系统训练，教师的知识体系更完整，研究能力更扎实，对事物的认知更全面，有助于在教学过程中拓宽学生的知识视野，拉开与学生的知识和能力梯度。因此，高等教育离不开高学历教师的支撑。

再次，教学名师规模不足。在高校教师人才的培养过程中，教学发挥着根本的引领性作用，科学研究则发挥着促进和拓展性作用。因此，高校教育中高校师资队伍人员构成中，既需要在科研领域别有建树的教师，也需要在教学领域具有代表性的教学名师。从高校官方网站以及相关文件中公示的师资相关数据来看，高层次人才尤其是科研实力雄厚的专家学者，包含各种特别聘请的教授、基金获得者、重大科研计划的首席科学家和青年拔尖人才等数量不断增加，校内各种研究团队规模不断扩大，彰显了师资团队承担科研课题，产出科研成果的实力。相比之下，不论是学校还是院系层面的国家级、省级教学名师以及精品课程教学名师的整体规模较小，占专任教师总数的比例较低，且仅涉及到部分院系、学科和专业，在建设一流本科教育中发挥的示范性与引领性作用不足。

最后，正高级职称教师比例待提高。科学的职称结构有利于维系高校师资队伍整体结构的稳定性，高级职称的评定则有利于激发教师个人与整体的积极性，有助于师资的分配。国外一流大学的师资职称结构呈典型的"倒金字塔"结构，即高级职称、副高级职称与中级及以下职称的人数比例逐渐降低，有效保证了不同职称结构教师的协调。

（二）队伍不稳定

目前，我国高校师资队伍的稳定度低，这与民办高校招生人数的增减有关，也与民办高校顺应行业发展而随时改变的课程设置有关，一方面，社会环境的压力和政府的支持力度不够，社会地位不及公办高校教师。民办教师在很多方面待遇都不及公办教师，择业的教师首选是公办高校，其次才是民办高校。因此，民办高校教师在社会很多人甚至是民办高校教师自己眼里，并不是一个理想的职业，更谈不上是终身的事业了。另一方面，学校对教师的管理不科学，工资薪金福利待遇不高。民办高校多用老板管理员工的方法管理教师，设置高工作量、强化考核，未考虑教育的特殊性，不能以工作量来衡量教师的个人工作业绩。另外，工资福利与公办学校的教师有较大的差距；还有就是对教师的培训进修力度不够，国际化交流学习机会较少；最后则是教师的个人诚信问题。一些刚毕业的年轻教师，因为时未找到满意的工作或者因为其他原因需要暂时过渡一下，选择暂时待在民办高校，作为他们的一个增长经验和临时增加收入的平台，等到合适的时机再辞职。由此来看，高校教师的频繁流动会阻碍高校教学质量的提高、师资队伍的建设。

高校教师辞职率较高，岗位人员变动频繁，尤其是兼职教师流动性严重偏高，师资队伍军心不稳，专业建设和课程建设难以开展，教学质量难以提高。一些高校一门课程中间要更换好几位老师，"私立学校的老师月月变"①，这话虽然有些言过夸张，但也在一定程度上反映了高校教师流动的严重性。

（三）师资建设投入不足

高校的办学经费不足是普遍存在的问题，办学经费不足导致了师资队伍建设的经费不足。民办高校没有政府经费的投入，其经费来源单一，以学杂费和投资者投资为主，除此之外的收入少得可怜，鲜有组织和个人无偿捐赠民办高交。故此，民办高校财政收入处于自给自足的相对封闭状态，对于招生情况的变动显得应对能力不足。所以，民办高校教师的工资待遇受学校的当年招生人数和投资情况影响很大，导致民办高校教师薪酬水平保障不稳定。遇到经费紧张的时候，学校举办者会压缩教师的工资待遇，甚至连续几个月不发工资都是有可能的。

从当前的国家政策和高校师资流动情况看，公办院交师资队伍在师资数量和结构上具有比民办高校明显的优势，民办与公办师资建设差距的原因有很多，在财政支持政策方面，公办院校资金来源于财政拨款，相对可靠，有充足和可靠的资金来建设学校的师资队伍，并且在五险一金上会高于民办院校很多，导致退休后的收入差距变大，而民办教师很难保证退休后的生活。

在教师招聘上，公办院校有挑选的余地，可以选择多个年龄段的优秀教师，还会吸引学历层次高、职称高的青年教师，并且在学缘上会有更多的渠道，海外的留学生、国内双一流、顶尖的理科与文科院校的毕业生都倾向于到公办院校任教，公办院校可以吸引更加优秀的青年教师和职称较高的教师，并且会选择长期留下来。公办院校有足够的实力建设一支充实、稳定且合理的师资队伍，能形成一个完整的教师梯队，为师资队伍建设打下了良好的基础。而民办院校资金主要来源是学生的学费以及少量的国家教育补贴和项目资金。可靠性以及保障性不够，不能给予民办教师一颗安急的心，让民办教师有随时想离开的想法。

（四）教学投入偏少

学校不仅要有足够数量且结构良好的教师队伍，而且要自觉履行教职工的基本职责，把主要精力放在教学工作上。教学的投入分为在教学时间上的投入、教师的精力投入和教师的情感投入。

教师的教学时间投入是最重要的教育投入，教师有充分的备课时间，教师对教学工作的重视程度，取决于他投入时间的多少。教师用于教学所花费的时间越多，可以说明教师教学投入量大。如果教师连最基本的教案都不花费时间准备，只能说其教学时间没有投入到位，那可能就是教学态度不够端正。

教师的教学精力和教学时间之间存在着密不可分的关系。如教师能专注于教学，全力

① 朱斌．民办院校师资队伍稳定性研究［J］．黑龙江高教研究，2007（8）：81－83.

以赴，则教学效率就高，效果就好。否则，即使投入再多的时间，精力输入也将不足，也不能保证教学的效率和有效性，甚至可能浪费时间。对教师进行审核的过程中，需要考核其教学设计，从而评估教师在教学过程中投入的时间、情感和精力，判断其是否符合相应的标准。还可以从分享教师课堂教学的内容、坚持的理念和教学方法等角度，对教师投入精力进行评估。

教师教学态度可以通过其在教学中投入的情感进行判断，这种教学态度和感觉可以用一系列的情感语言和行为表现出来。没有情感投入的教学会给学生带来学习上的痛苦，教师有情感投入的教学会让教学过程充满愉悦，激发学生的创造力。

由于学校的政策导向和缺乏科学合理的教师评价体系，使教师在教学方面没有投入太多的精力，教师在教学上的责任感方面不是很强。繁重的上课压力没有办法让教师投入更多的经历和情感。并且大部分教师都缺乏教学设计，没有建立适合自身的教学结构和理念，表明教师在情感上的投入不是很高。

（五）管理不规范

教育行政部门在我国教师人事管理中一直实行"双轨制"——公办院校按事业单位管理，教师参照公务员待遇；民办高校则定性为"民办非企业单位"，教师多是按企业员工进行管理，这就带来管理的不规范、不统一。民办高校内部也需要进一步提高对于教师的管理能力，很多民办高校存在制度不健全、管理不到位的情况。

（六）心态不积极

高校教师基本上都是采用聘用制，教师和学校之间签订劳动合同或劳务协议，属于雇佣关系，教师容易产生打工者心态，对工作缺乏安全感，对学校缺乏归属感。这些教师的主要心态特点有：工作精力不强，缺乏创新意识；不愿受制度约束；容易被社会诱惑；不关心学校发展，得过且过，面对严格管理容易产生逆反心理。之所以产生这些情况，很大程度上是因为民办高校缺乏文化建设，没有形成能够吸引并留住人才的精神内涵。

（七）实践技能弱

当前，高校双师型教师人才相对匮乏，严重制约了学校教学质量提高。高校人才培养目标是培养应用型技术人才，切实提高学生就业竞争力。因此，教师必须具有良好的专业素养和实践经验。目前，教师主要招聘来源就是校园应届毕业生，普遍缺乏实践经验和操作技能，他们自身参加社会实践的机会就少，在教学过程中很难与生产实践相结合。因此，所培养出来的学生只有空洞的理论知识，缺乏动手实践能力，无法满足行业企业的实际需求。另外，高校兼职教师数量占比较高，主要以高校专职教师为主，一直沿用传统学术型教学方法。教师在教学过程中偏重理论知识的教学，对实践操作重视不足，对学生的实践能力和动手能力的培养不到位，培养的学生与企业的实际用人需求相脱离。

（八）高校教师整体胜任力有待提升

在科研方面能力相对不足，青年教师为了做好教学工作，完成教学任务，无暇搞科研；高等学校出于学校经费和教学工作的考虑，对科研投入比重过于小，由于科研政策的限制，科研项目争取十分困难，因此，高等学校教师的教学科研气氛薄弱，师资科研能力低下。

在知识体系方面专而不博，培养一流的本科人才，打造高质量的精品课程，需要教师以专业知识为核心，以教育教学和心理学知识为基础，综合利用广博的知识面，坚持教学深度和广度的统一。部分高校教师的知识结构专而不博，偏向于集中型知识结构，即专业领域内知识精深，通用知识面不足，专业知识与通用知识的融合度不够。结合高校教育的基础性、综合性、创新性与国际性的基本特征，集中型的知识结构与一流人才培养目标契合度较低。

作为高校教师，要求知识面要宽，不仅要精通自身的专业研究领域，也要汲取相关学科的知识，丰富教学内容的同时扩宽学生的知识面，积极适应知识生产模式转型。对于教龄长的教师，能将专业知识与学科融通性知识和国际化前沿知识快速转化，而对于教龄短尤其是刚引进的新教师，多是国内外高校和科研院所毕业的博士生，虽在各自专业领域接受过系统的知识学习，在专业领域别有建树，能迅速展于科研岗位上的相关工作。但由于未曾接受过系统的专业教育教学训练，对于教育教学理论与心理学理论等通用知识明显知之甚少，利用基本的通用理论指导教学的实际操作性较低。

在相关教学技能方面待提升，一是引导能力欠缺，有少部分教师表示完全有能力在课堂上引导学生思考、联想与创新。也有部分专任教师因本科生课堂学生人数多，且学生在知识和能力上呈现较大差异性，为教师的课堂引导能力带来了挑战。二是协调能力不足，部分教师表示能对学生进行恰当分工，协调能力强。在部分高校尤其是研究型高校，教师所带学生团队中均包含本科生，指导本科生通过参加科研活动，训练系统思维，锻炼一定的学术与研究能力，需要教师具备较强的协调能力。三是合作能力缺乏，大部分教师合作能力欠缺，有少部分的教师表示在教学与研究中能与同事有效合作。当前，也有部分高校内部的学科壁垒严重，学院、学科乃至专业内的教师各成一派的现象较严重，环境的影响致使教师在教学与科研中的合作受限。四是科教融合能力不够，在科教融合能力上，有的教师存在缺陷，有的教师能将最新科研成果及时转化为教育教学内容，开发、开设新课程、新实验项目，出版学科前沿领域的新教材。也有教师热衷于科学研究，虽然产出了科研成果，但将科研转化为实际的本科教学内容难度极大，无法做到将科研成果带到课堂上。五是国际化能力不足，大部分教师表示在国际化能力上存在可提升的空间。部分专任教师认为，高校只有拥有本土化和国际化并重的师资队伍，才能紧跟世界前沿和尖端科学峰。目前，因高校较少在教师教学考核中落实国际化能力考核，仅关注教师国外留学与研修、国际头衔等显性背景，忽视了教师是否将国际化前沿教育教学理念、教学方法等运用到国内课堂。六是创新能力有待于进一步提升，在教学中勇于创新思想和方法，将形成教师自身教学的核心竞争力。国外大多高校注重教学形式的多样化，在每门课程的整个教学过程中，教师大都会贯穿学生答疑、小组分工、读书报告、社会调查、实习、实验教学等多种方法。在教学中，少数教师仍然主要采用题海战术，大部分教师偏向于理论讲授和案例分析，在传统的教学方法上有一定创新。但将理论与实践相结合，鼓励学生通过研读经典来感悟以及通过动手实践操作来验证相关理论的教师占比较低。

二、高校师资队伍问题形成的原因

（一）顶层规划欠统筹性

高校师资队伍顶层规划应体现前瞻性、可操作性、程序规范及持续性发展原则，顶层设计既要强化超前意识，提升对未来发展状态的预见性。也要在实际的基础上提出发展的要求，为发展创造条件，制定发展的措施。还要在现有的或可能的条件下将目标分解为具体步骤，并在现有或可能的条件下将其付诸实施。因此，师资队伍顶层规划应确立相应的指标体系，能通过测量和获得可比性数据，采取具体的实施措施与对策[①]。一流本科教育中，既要从外部衡量师资队伍的整体结构，也要从内部全面考量教师整体胜任力。部分高校缺乏从整体的角度考察师资队伍，比如在专任教师数量规划上，未能依据学校学生人数的变化趋势，决定未来一段时间内需要补充与引进的教师总数，确定不同学科每年应补充的教师人数。在教师学历结构上，虽提高了学历门槛，却未能同时兼顾学校和教师的立场，忽视了校内教师的学历提升，导致比例上无法实现突破。在教师胜任力上，重教师个人胜任力轻整体胜任力，尚未形成统一的胜任力测评、培育、监控与反馈系统，缺乏对教师系统的全面考量。在教师管理制度上，忽视了教师整体的内心诉求，各部门缺乏统一性的标准，协调性不足，为教师的实际管理带来了困难。

（二）政策行动标准针对性不强

政策层面，为了防止大学在"双一流"建设中过于重视学科建设，忽视和削弱本科教育，处理好人才培养与科学研究的关系。有关政策和行动已从强调本科教学逐渐转向强调一流本科教育。教育部启动了实施一流本科专业"双万计划"的工作，并通过增加一流学院和一流专业来具体实施一流本科教育建设。但是，一流本科教育和一流本科专业均是政策论述，并且面临从政策到行动的"标准"问题。教育部多次在相关会议上强调高校师资队伍对建设一流本科教育的重要性，虽出台了系列新时代师资队伍建设相关的文件，从宏观上对各高校的师资队伍规模结构与素质等建设提出了意见和要求，并进行了一定程度的指导。但是并未围绕一流本科教育进一步指标化与规范化，譬如，"双万计划"专业报送条件中尚未明晰师资队伍应达到的具体要求，仅以师资力量雄厚作为评选要求，未结合一流本科教育的相应要求，制定师资队伍规模结构和质量上的具体标准。

高校教师是具有进步性和创新性的群体，其自身的知识储备和教学水平随着时间推移和阅历增长会不断地提高，难以用单一的政策和标准来解决一流本科教育中高校教师教学

---

① 褚瑞莉. 激励理论视阈下高校师资队伍构建研究［M］. 北京：九州出版社，2019：68—69.

积极性等问题。为了响应建设一流本科教育的号召，多数高校出台了系列政策，其中，部分高校就建设卓越师资队伍，提升教师教学主体责任等方面制定了相应的政策，但主要是宏观层面，实施的可操作性和具体性不足，而且提出的一些具体意见在实际工作中很难施展，致使一流本科教育中高校师资队伍建设并未产生根本性的变化。

（三）价值认同缺统一性

基于政策大环境，高校在理念认同上难以平衡教学与科研的关系，部分高校在教师实际管理过程中仍存在唯科研、唯职称与唯奖项的现象，对教学与科研关系处理不当，涉及的一系列指标，上至学校对教师的招聘与评价，下至教师业绩考核，专业与学科实力评估等，多以科研成果量化计分，并作为教师薪酬晋级与职称晋升的核心要素。在教学考核上实行二级核算制，对准部门而非个人，未能让每位教师意识到上课的责任与重要性。且在教师培训中，对教学相关的知识与技能提升等缺乏足够的重视。

对于高校教师个人，一方面，随着现代大学科研与服务社会功能的增强，大学科研活动日益市场化、社会化，政府行为化，内部各种工作量考核指标化，导致部分教师职业认知的天平更多地倾斜于科研。基于此，传统的教师角色出现分化与冲突，部分教师尚未清晰意识到一流本科教育质量提升行动下提升教学素养与教师胜任力的必要性，内生动力不足。有的教师知晓学校建设一流本科教育的目标，但对于具体的学科、专业规划目标却不明晰，仍然根据原来的定位，采取经验主义式教学。另一方面，部分教师依然固守着传统的认知习惯，认为相较于科研或者研究生教学，本科生的课程教学缺乏挑战性，现有的知识储备以及长期积累的教学经验足以胜任日常教学任务，因而参与专项课程能力建设以及其他形式的培训的积极性不高。

（四）制度执行力不足

一是教师培训制度上，高校为了保证教师能胜任一流本科教育相应要求，围绕一流本科人才培养目标，从顶层制定了倾斜性的教师培训政策，但实际执行中将培训内容细分为职业化培训、工作技能培训、师德培训、教学法培训等很小的模块，分多个部门分而执行，缺乏统一性与针对性。从表面看，各个职能部门分工内容明确。但事实上，培训过于分散，内容冗杂，程序复杂，流于形式化，既未结合学科、专业性质的差异，依据不同院系、不同年龄与教龄、不同职称段教师胜任力各个维度的实际差异，切实从教师需求出发来针对性地组织培训，也未开辟多样化的培训模式来真正调动教师的兴趣，培训逐渐演变成了工作任务而非教师内心自发的意愿。

二是教师职称评定与考核评价制度上，大部分专任教师认为高校现行的职称考评制度还需要进一步完善。高校职称评定在实际执行中，注重结果性评价，缺乏科学性与人文性。对于大部分教师尤其是青年教师，较难通过教学来实现职称晋升或者高额收入，这也是造成大部分教师在本科教学投入不足的原因。在高校师资队伍建设改进方面，也有教师建议持续改进教师考核与评价制度，表示考核标准设置未能充分考虑学科差异及教师的专业特长，考核的量化指标较多，注重结果性评价，较难发挥考核在教师积极履职、提高教学质量过程中的促进作用，从侧面反映出教师对现有的考评体系的不认同。

三是教师监督制度上，部分高校虽要求教师（尤其是教授）为本科生授课，提高授课质量，提出不给本科生上课的教授是不合格的教授的口号，但是在实际的实施过程中，部分高校还没有制定相应的监督和处罚制度，未做到上行下效，字面上的教授为本科生上课的数字十分理想，实际却存在课程挂名的现象，影响了整体的教学环境与氛围。

四是教师激励制度上，部分高校先后下发了诸多激励教师投入本科教学的文件，鼓励教师积极参与学校提供的培训，申报精品课程建设，加入优秀教学团队等，试图通过某些激励措施来支持本科教学，调动教师整体的本科教学积极性，但实际落实中却未能为教师提供一定的经济与制度支持，如劳务费、福利等，相关教师完全凭借兴趣和情怀参与学校组织的相关活动，具有极大的不稳定性。

第三节　高校教师人力资源的管理现状及分析

一、高校教师资源结构

教师资源结构主要是指专任教师队伍各种素质比例情况，教师资源结构是否合理，将会直接影响教师队伍的质量，以及高校未来的发展，即合理的教师资源配置可以发挥教师群体的最大效能。反之，则造成人才浪费，成本过高，无法发挥个体最大潜能的同时，群体上也无法达到优势互补而发挥出最佳效能。

（一）生师比

生师比直接反映了专任教师平均所负责的学生数量，其比例数值越低，其优化程度则越高。因为通常认为，专任教师所负责的学生量越少，其时间及精力的投入则越多，对于教育质量则有相对的保障。但生师比亦不宜过低，在保证相同质量教学的情况下，较低的生师比会造成教师资源的浪费。并且任何国家的教育资源都是有限的，因此，基于我国教育资源国情，中国教育部规定，我国优秀生师比的标准为 14∶1，良好标准为 16∶1，合格比为 18∶1。

（二）专任教师职称

职称结构是指学校各级职称的专任教师占整体比例的情况。职称是一个教师在其专业领域内相应的科研学术能力的衡量标准，职称越高的教师，其实力与竞争力就越高。因此，高级职称的教师（一般是指副教授以上职称的教师）往往是学校品牌的打造者，具有强大的聚才、引才和造才的作用。一般而言，教师队伍当中，高级职称的教师越多，其结构则越优化，一定程度上能反映出学校的社会服务能力和发展潜力越大。

（三）专任教师学历

学历结构是指学校所有专任教师不同的学历层次占整体比例的情况。学历水平的高低与教师学识是否渊博有着明显的正相关关系，因此普遍认为，学历层次越高其未来潜在开发的价值就越高。从概率上而言，高学历教师未来成长为具有高级职称的教师可能性也更高。由此可见，学历结构是教师队伍整体素质的直观反映，教师队伍中高学历层次人才所占比例越高（即硕士及以上学历教师人数在专任教师中所占人数越多），在一定程度上学校的师资力量就越雄厚，并且也更加有利于职称结构的调整与优化。

此外，我国高等教育正处于由数量扩张阶段向高质量发展阶段转变，这对高等教育的人才培养提出了更高层次的要求。而高学历教师在一定程度上能更快更好地应对这种需求的变化。因此，面对教育改革的变化，各地方高校依然需要继续优化教师的学历结构，更好地提高高等教育质量。

（四）专兼职教师

专兼职教师结构主要是指专兼职教师所占专业教师总数的比例情况。高等教育的人才培养目标是培养适应生产、建设、管理、服务第一线的高技术高应用型人才。因此，高校不仅需要高学历、高水平的在职专任教师，而且同时需要从一线的专家、高级技术人员和能工巧匠中聘用兼职教师，及时把握职业发展动态，补充教师队伍的实践应用的缺口，保障工学结合教学的有效性。

二、高校教师人力资源管理存在的问题

现在人力资源管理理论里将人力资源视作一种资源而非成本，在人力资源管理中重点强调的是对人才的激励和职业的规划，并对人才进行有效的管理和开发，以此来提高组织的整体工作效率。虽然民办教育经过近几年的蓬勃发展，为国家培养了很多有价值有能力的人才，但是也要清楚地认识到民办教育存在的各种各样的问题，特别是民办高校中对人力资源管理中管理者缺乏清晰认识，管理效率较低，教师配置缺乏合理性，教师激励制度不完善，组织文化教师认同度低，管理理念落后等一批亟待解决的问题[①]。

（一）人力资源管理培训与开发机制不完善

现代人力资本理论认为培训是一种对人未来的投资，是投资就会有回报，而不是像传统人事管理那样把培训作为成本开支而不被管理者重视。人力资本投资的回报率是非常高的，提高教师人才的素质和质量是人力资本的核心，它是通过提高人才质量来促进高校的不断发展。这就要求高校要加大对教育的投入，鼓励教师参加培训，创造更多的培训机会。同时，我国教师法规定教师有"参加进修或者其他方式的培训"的基本权利，高等教育法也规定"高等学校应当为教师参加培训、开展科学研究和进行学术交流提供便利条件"。高校对教师的进修、培训有自主选择的权利。

首先，高校教师整体参加培训的机会还是不多的，培训对提高教师人力资源管理能力

---

① 曾昌良．民办高校人力资源管理中的问题与对策［J］．现代职业教育，2018（10）：187.

至关重要。高校教师培训机会对于教师职称、教师教龄和教师年龄有着密切的关系，教师职称越高，培训的机会也就越多，反之会越来越少；教师教龄越高资历越深，培训的机会也会越多；老教师培训的机会要比中青年教师培训的机会要多。这也反映出来部分高校教师培训存在培训机会不公平的现象，培训机制需要完善，那些职称低、教龄短、年轻的教师得到培训的机会有待进一步加强。管理者要重视对青年教师的培训。

当前，部分高校还没有给教师制订完整的培训规划，大多数的时候出于高校成本的考虑，只是在入职前进行简单相关技能培训，在培训质量方面做得并不理想，并没有想通过相关的培训提高教师的技能和素质，往往只是形式化操作，违背了其培训的本质意图，很多教师感觉到学校对其发展和能力提升并不重视，导致其对学校认同感降低，教职员工流动性大，对高校发展不利。有些高校人力资源管理部门在培训内容选择上忽视对师德师风建设和本学校价值观的宣传，培训内容并不完善①。教师在培训过程中忽略对培训结果的评价工作，没有形成完整的评价体系，对培训效果没有硬性规定和测评，导致大部分培训者并不重视培训的过程，培训效果并不理想，并没有达到培训的效果。

由于培训名额有限，再加上有的高校经费紧张，致使青年教师培训的机会达不到标准要求。如山东民办高校特殊的办学体制决定了其办学经费来源单一，国家未曾对其进行资金投入，财政吃紧，只有教育经费在很充足的时候，管理者才会考虑将经费投入到教师培训中去，一般情况下，管理者不会过多地将经费投入到教师培训中来，导致教师培训工作一直不能正常进行。学校管理者错误的判断认为投资教师培训并不能带来教育质量提高，忽视了对教师能力的培养和提高，导致高校教师队伍建设并不完善。现在也有部分高校都缺乏自己单独的具有专业知识的培训人才，大部分都从外边聘请，使培训工作没有连续性，没有形成符合本院校特色的培训方案。上述问题的存在最终使民办高校的人力资源管理培训与开发机制不完善，难以科学有效地运行。

（二）人力资源流动性较大，高层次人才流失严重

教师人力资源的合理流动是社会经济发展的必然现象，既有积极的意义，又具有负面的影响。合理的人力资源流动能够通过其与其他生产要素的相互争夺实现资本增值，避免劳动力的浪费和闲置，还有不断改善教师的素质和结构，帮助民办高校长期保持活力与增强竞争优势。高校教师流动频率的高低直接影响该学校的教师结构的稳定合理性和教学质量的好坏，如果高校想在激烈的竞争中处于不败之地，提高自身竞争能力和巩固自己的办学特色。首先就要建立一支素质优良和敢吃苦的师资队伍。

通常高校的留人制度并不完善，有跳槽去其他地方的意愿的教师占比较高，这也反映出高校人才流动较强，只要时机成熟，这种潜在流动性就会体现出来，致使在不久的将来该学校的潜在流动性会比较高。在民办高校中，中青年教师潜在流动率要高于年龄较大教

---

① 张力心．浅析当前我国民办高校人力资源管理存在的问题及对策［J］．湖北函授大学学报，2018，31（17）：45—4

师；博士教师潜在流动率要高于其他学历的教师，说明高层次人才流失率比较高；工资较低的讲师潜在流动率要高于工资丰厚职称较高的教师。部分高校招募甄选人才中也存在问题，并没有真正选出符合本校价值观的教师，也并没有通过甄选选出真正喜欢在本校的流动性较低的人才。

教师潜在流动性与该教师在工作中的满意度密不可分，存在一定的联系，教师流动率与满意度呈正相关关系。高校管理者需通过不断提高教师工作满意度，来减少高层次人才的流失，提高高校教师人才整体竞争优势。教师的流动性较大会导致核心教师流失，造成人力资源的浪费。高校教师流动性与教师年龄、职称、学历和工资有一定关系，需要管理者不断重视青年教师和优秀博士人才培养，增强他们工作满意度和归属感，以此来减少人才流失带来不必要的损失。高校在教师身上的人力资本的投资得不到回报，还会影响到高校人力资源工作的连续性和工作质量，使其他在职教师心理不稳，对本校信心不足，破坏了学校的凝聚力和向心力。

其次，高校存在人事变动频繁、高层次人才需求紧张等"难进人才、难留人才"的现实困境。再次，高层次人才引进后稳定性并不强，流失率较高，高层次核心教师的流失，也会危及高校的生存与发展，因为核心教师是学校核心竞争力形成和发展的源泉，学校之间的竞争，实际上是在掌握关键知识和能力的核心教师中展开的，由于核心教师具有相当程度的不可替代性，所以其流失比一般教师流失危害更大，甚至会直接危及学校的生存和发展，要引起高校人力资源管理者的足够重视。

（三）人才招募机制缺乏整体规划，教师人力资源结构失衡

高校想要快速稳定发展就需要高素质的教师队伍去提供支撑和保障，通常出现在高校教师队伍招募的初期阶段，通常为了弥补学校不断发展壮大而出现的人员短缺，注重数量增加而并非质量提升来招募教师，教师的招募工作自然也就不会受到硬性条件的限制，人数空缺就去招募，没有整体的规划，从而造成高校教师人力资源结构出现失衡问题，出现青年教师和老年教师居多，中年骨干教师相对短缺现象。

部分高校缺乏整体的人才引进规划方案，只是盲目地从学历、职称角度去选拔人才，并没有详细制订人才需求计划，没有实际地去发现现实存在的问题，找到本学校真正需要的人才和适合本学校发展的教师，这样引进的人才不一定是学校真正需要的，虽然是优秀人才但不一定是实用的，导致引进的人才与本学校专业背景、学术氛围等相差甚远，无法发挥其能力和学术优势，造成学校人力成本增加，同时人才容易造成浪费。由于，高校在市场化办学的影响下，需要不断调整其招生计划和人力资源的结构，往往市场对专业的需求发生变化时，才开始招聘这方面的专职教师，这个时候只能进行临时急招的办法来补充教师，只注重短期需求，并没有根据学校自身的引进计划来做招聘工作。

其次，高校教师大多数来自高校毕业生，仅有一小部分来自企业和其他岗位。教师的招聘和甄选工作不完善，没有科学性规划，在甄选中不注重考察，招来的人对学校认同度不高，人员流失率偏高。

再次，高校人力资源比例不协调，有经验的高素质的教师不足，教师整体的职称、学历、年龄结构不太理想，刚走出校门的青年教师和兼职或者退休的老教师较多，中坚教师不足。

（四）高校组织文化维系作用较差

民办高校的起步时间比较晚，与一些知名的高等公办高校相比，民办高校并不具备丰富的历史文化底蕴与学校背景，历史文化环境并不浓厚。正是这些先天条件方面所存在的差距，才导致民办高校要想达到与公办高校看齐的水平还有很长的一段路要走，想要打造一流的民办高校，需要通过构建强有力的民办高校组织文化体系来实现，形成良好的校园组织文化氛围，增强学校凝聚力和教师归属感。组织文化不管是对企业，还是高校，都发挥着很重要的作用。

校园组织文化是个无形的组织力量，会时时刻刻影响到教师群体，是带动整个教师团队的纽带，在学校里参加一些学校组织的教师集体活动能感受到。很多高校在校园组织文化方面也做得不是很理想，很多管理确实可能不重视组织文化。文化属于意识方面，是一种潜移默化的影响。满意度不高跟管理者不重视有一定关联，没有营造浓厚文化氛围，很多都是流于形式，起到的作用根本不大。提高校园组织文化途径，首先还是要营造一些好的工作环境和氛围，给教师一个好的平台，学校要将学术氛围搞得浓厚一些，增加一些人文关怀，给教师多一些尊重和体谅，给老师自由发展平台，这样教师心里就会潜移默化地形成对学校的文化认同感和归属感，增加教师职业幸福感。

由此，高校虽然基本都形成了符合自己本校特征的学校组织文化，但形成的组织文化被教师认同和理解的程度并不高，并没有发挥其维系良好组织关系的作用，导致学校与教师个人不一致，因此在高校发展过程中，教职员工不能与学校之间保持一致，劲不能往一处使的局面产生，这势必会耽误高校未来的发展。因此，人力资源管理与组织文化应该结合在一起，才能将具体的管理行为与抽象的组织文化相结合，使教师真心认同并自愿传播出去，树立良好的广受认同的高校组织形象。组织文化管理有利于高校教师对高校发展战略、组织文化的认同，是建立共同心理契约的重要举措。

三、高校人力资源配置存在问题的原因解析

（一）传统人事管理对知识管理理念忽视

传统的人事管理的重心是对人的监督和管控，是对人事工作有组织的管理。传统的人事管理对人管控得过于死板，使得机构运行生硬缺乏活力。与传统的人事管理不同，基于知识管理的人力资源管理采取的是更为灵活的管理方式，将管理的目标从对人的管理转换到对人才所拥有的知识的管理。在高校人事管理中，采用传统的人事管理往往会造成忽视知识，重视利益；对高校人力资源的配置不足等问题。主要体现在：其一，传统人事管理对人的管理十分严格，为学校业务而分配人事，一人一职务，各担其责。这样往往导致部

门的协调性、整理性较差，同时，也会降低学校工作的灵活性，使工作过于死板，降低高校老师的创造性。其二，重视对个体的管理，但是忽视对知识的管理。大多数民办高校依然无法摒弃传统的管理理念，高校管理中依然偏向控制人，人就是学校财产的一部分。然而，近年来，部分高校的人才流失现象一直存在，随着人才的流失高校的发展又会停滞不前。这种管理理念最终无法给高校的发展不断积蓄力量，高校发展后劲不足。其三，高校的人力资源配置不足。传统的人事管理缺乏创新性，没有很好地将学校人力资源所掌握的知识变成学校的资本，也缺乏要将学校的知识资本进行流通，进而增值的管理理念。

总而言之，高校传统的人事管理忽视知识管理理念，重视对个体的掌控，忽视对大局的把握，没有很好地将学校的教师队伍的活力与积极性调动起来，也没有充分管理和运用好教师所掌握的知识，把教师当成是工作所需要的工具，而不是可开发的资源，对高校的发展不利。

（二）经济效益与社会效益价值追求冲突

全国民办普通高等学校，是由除国家教育机构以外，其他社会上的教育组织或个人出资面向社会开办的高等学校。民办高校这样的产业不仅具有事业性，同时也具有企业性，所以，该教育产业需同时遵循教育规律与经济规律进行经济活动。追求利益是资本的本性，则资本运营不管是公益性还是盈利性，其目的就是要追求保值或升值，由于我国大多数的民办高校都是由理性经济人投资的，市场经济的基本特征是以追求利润为目的的，大多数的投资者的主要目的就是在现实的基准下最大化自己的经济利益，但是，这种投资仍然是一种存在较大风险的行为，大多数的投资者把这种投资教育机构的行为看作为具有竞争性和排他性的公共产品的生产，并同时考虑其收益。

社会机构和个人自主办学，自主筹资的高等学校，不仅扩大了高等教育的供给，缓解了公办高等学校青黄不接的尴尬局面，同时增加了就业机会，带动了学校周边区域的经济文化教育的发展，减轻了政府的财政负担。比其带来的经济效益更为重要的是，在社会效益方面，民办高校在社会上的贡献也是巨大的，包括培养人才，提高国民素质，提高就业等方面。因此，民办高校如果过于追求经济效益，导致高等教育规律屈于市场经济规律之下，办学目标发生改变，更重视盈利性，这与高等教育要达到的社会效益是背道而驰。目前，我国民办高校人力资源配置比例失衡，开发不足等问题就是因为民办高校没有摆正好自己的位置，偏重短期的经济效益，与办学要达到的社会效益的价值追求相冲突。

（三）企业管理与高校管理方式内在排异

在企业的管理过程中，如何发挥出计划、组织、领导、控制的职能，如何充分利用好资源，适应内外部环境的发展，将是实现企业经营盈利目标的一系列重要步骤[①]。企业管理方式具有高效性、目的性、效益性，目的在于最大化地利用企业的资源，创造最优的效

① 周琼婕．企业管理创新的探究［J］．中国投资，2013（08）：211.

益。对民办高校来说，社会效益是优先的，民办高校管理是以学生为中心的教育管理，尊重学生的权利，培养学生的主动性、积极性，挖掘潜能，培养特长是教育的主要任务，以人为本的高校管理，是在学校管理人员的权威以及人品上实行的，这涵盖着高等教育的以服务学生为主的规章制度。在出发点与归宿点都是学生的前提下，强调学生的情感与观念在管理中的作用，让学生在管理中完善自我的同时，又保持了高校管理的机动性。教师是民办高校的主体，在提高教学质量，培养人才中居于首要的、核心的地位。民办高校虽然具有事业性和企业性的双重属性，但是其根本目的是立德树人，不能完全运用企业管理的方式来对高校进行管理。企业管理对员工采取的绩效评估机制是看员工为企业带来的经济效益的多少，然而，民办高校对教师的工作考核不应以其带来的经济效益为指标，而应当从教育本身着手，从教师为学校带来的知识力量着手。因此，企业管理的方式与高校管理的最终目的是有差异的，采取企业管理的方式对高校进行管理最终会产生很多问题。

（四）人力成本与知识创新措施现实离解

知识的创新是指，通过科学研究（基础研究和应用研究）获得新的基础科学和技术知识的过程，其目的是发现与探索，从而创立新的学说与方法，并把新的知识进行积累。当前我国部分高校对人力资源的使用仍然是最大化地开发其经济价值，忽视了对其的投入，如后续的培养与潜力的挖掘。高校一方面对教师科研方面的投入少；另一方面又要求其进行知识创新，往往导致投入不足不能得到想要的产出的结果。这与知识管理的理念相悖，知识管理以人为主体，重视人所掌握的知识的创新与提升，反而不那么注重人所带来的经济价值。只有重视对人力资源的后续投入与开发，才能真正为高校积累知识，并且实现知识资本的积累与增值。

对教职工的管理只是表面，其真正意义上的人力资源管理是管理职工创造的价值条件与对教职工潜在价值的开发，只有职工创造更多的知识价值才能使得高校得到更好的发展，才能吸引更多的高学历人才的加入，从而吸引更多的生源，培养出更多的人才，这才是民办高校人力资源管理的真正目的，树立了正确的管理观念，才能进行更好的知识管理。不能够将人与知识离解，而应当以人为本，开发其潜在的知识价值。

第三章　高校教师人力资源聘任与晋升管理机制

第一节　高校教师人力资源聘任基本概述与现状

因为高等教育发展水平和教育行政体制不同，世界各国高校教师的聘任制度有明显的差异，甚至在一个国家里，高校教师的聘任制度也随着高等教育的发展而不断变化。在高校教师聘任制度的发展历程中，相继出现过界定比较模糊的词汇，如职称、职务、职称评审、职务聘任等。本章将对这些概念做一定的阐述，并在此基础上探究高校教师聘任制度的发展历程及其与当代大学改革的关系。

一、高校教师聘任制度

（一）职称与职务

1. 职称

职称即各类专业技术职务的称呼，是对专业技术人员的专业技术水平、学术水平、能力与成就的评价①。高校教师的职称代表了教师具有的教学和科研工作能力，反映其学术水平和成就。职称的特征主要有终身制、评定指标一致性；不受单位职数的控制；不与工资福利等待遇挂钩。

2. 职务

高校教师聘任制度中的职务主要指的是"专业技术职务"，它是一种专业岗位，由学校设置，按学校规定的程序聘任，分初、中、高等不同级别。高校专业技术教师职务的特征主要有按需设岗，教师能否被聘相应教师职务，首先取决于岗位需要；有任期，任职期限到或退休后其职务自然解聘；受单位职数的控制；与工资福利等待遇有明确的对应关系；有明确的职责与任职条件，与工作岗位紧密联系。

3. 职称与职务的关系

职称与职务在高校教师聘任工作中经常混为一谈，其实两者既有共性之处，又有差异。从某种意义上来说职称属于人才评价范畴，职务属于人才使用范畴②。高校教师职称

---

① 王慧. 高校教师职务聘任制改革研究 [D]. 南京：河海大学，2007.

② 赵志鲲. 高校教师职称评聘工作的管理特点与变革策略——基于 A 大学的个案研究 [D]. 南京：南京师范大学，2004.

是对教师从事教学和科研工作的能力及过去成就的评价。职称一旦获得，可以终身享有。职务则是与岗位紧密联系，离开这个岗位，职务也不复存在，具有比较明确的岗位针对性。

（二）职称评审与职务聘任

1. 职称评审

高校教师职称评审是按照一定的标准、程序，对申报教师的学术水平、教科研能力进行鉴定，并确定其专业技术等级，不受其他因素，如岗位等的影响。但是在过去很长的一段时间内，职称评审就意味着职务聘任，常常与工资、福利等挂钩[①]。当前，高校内部组织及教师个人中重评审轻聘任的现象及思想仍普遍存在。

2. 职务聘任

高校教师职务聘任是指高校结合本校工作实际，在岗位设置的基础之上，设定岗位任职条件，面向全校甚至面向社会公开招聘。应聘者经过教师聘任委员会的评审通过后，学校与应聘教师之间签订聘任合同，聘任合同中必须明确规定相应的任期、权利和职责等。

3. 职称评审与职务聘任之间的关系

职称评审与职务聘任两者之间经常紧密相连、合二为一，如职称评审往往是职务聘任的前提，国内众多高校在较长一段时间里都是按照教师的职称等级聘任相应的职务。另外，职称评审与职务聘任本质上有显著差异，主要表现为职称评审具有永久性，职务聘任具有期限性；职称评审的目的是鉴定人才，职务聘任的目的是使用人才；职称评审是申报教师与评审专家之间的关系，职务聘任则是学校和聘任教师的关系[②]。

二、高校教师聘任制度与当代大学改革

20世纪90年代为促进知识经济的快速发展，许多国家纷纷对本国的高等学校进行改革。高校教师聘任制度是大学正常教学和较高品质的保障，成为大学改革成功与否的关键。

（一）聘任制度是大学竞争力的保障

大学竞争力的主要体现就是人才，也就是大学教师。聘任最优秀的人才到高校任教，是各国各校都在不断追求的目标。因此，高校教师聘任制度是建设一支高素质教师队伍的基础，是大学竞争力的保障。高校教师聘任制度改革的最终目的就是提高大学教师的学术水平，增强大学竞争力。

（二）聘任制度改革是高等教育走向市场的重要表现

由于科学技术的飞速发展，大学与社会各行各业的联系愈发紧密，大学已成为社会的

---

① 赵志鲲. 高校教师职称评聘工作的管理特点与变革策略——基于 A 大学的个案研究 [D]. 南京：南京师范大学，2004.

② 田播. 高等学校教师职称改革工作研究 [D]. 武汉：华中师范大学，2012.

"服务站"。市场机制正对大学产生越来越大的影响，如果大学质量不能满足社会的要求，那么大学将面临更大的危机。高校教师聘任制度改革正是适应这一变化的有力措施。

（三）聘任制度改革是高等教育大众化的需求

随着高等教育的大发展，全世界各国受过大学教育的人数在稳步上升。高等教育发达国家的大学教育已经逐渐进入普及教育的阶段。随着受教育的人数越来越多，大学必须更多地关注社会需求，高校教师同样不能置身事外。可以说高等教育大众化呼唤当代大学改革，而当代大学改革又以高校教师聘任制度改革为基础。

（四）聘任制度改革应以激励发展为实现目标

激励理论是行为科学中用于处理需要、动机、目标和行为四者之间关系的核心理论。激励的目的在于激发人们的正确动机，调动人们的积极性和创造性，充分发挥人的智力效应，从而保证其所在组织单位能有效地存在和发展。对高校教师的行为激励，就是通过专业技术职务聘任诱发教师个体的需要。在高校中，对尊重和成就的需求已经是教师的主导需求，对高一级职务的追求是对教师进行有效激励的前提，是教师实现自我发展机会的重要条件。竞争体现激励，也体现挫伤。对于学校的管理者来说，要正确认识和理解未获得期望聘任等级的教师在聘任中经受的挫折，在理性的制度内体现人文关怀，一方面引导教师宣泄不良情绪，规范行为；另一方面则向教师个人提出合理化建议，谋求柔性化管理与刚性化管理之间的平衡，以合作态度弱化竞争的挫伤，从而达到有效激励，促进教师发展。

三、高校教师聘任制度的现状——以湖北 A 高校为例

从其办学定位来讲，A 大学是一所教学科研并重型的综合性全日制普通高等院校（省部共建高校），开设了 10 大学科门类的 79 个本科专业；拥有 2 个一级学科博士学位授权点，有博士后科研流动站；拥有 24 个学术型一级学科硕士学位授权点，16 个专业型硕士学位授权点，授权学科覆盖了除军事学之外的其他全部 12 个学科，包括哲学、经济学、法学、教育学、文学、历史学、理学、工学、农学、医学、管理学、艺术学。在校学生 27 000 余人，专任教师 1375 人。A 校是一所具有博士、硕士、学士多层次人才培养任务的办学实体，既有繁重的本科专业建设任务，也具有多学科的学科建设任务，是一所较为典型的教学科研并重型的普通高校。因此，选取 A 高校教师岗位聘任制进行研究，分析 A 高校教师岗位聘任制的问题及成因，探讨改进和完善的对策，既有利于 A 校教师队伍建设，也可以为教学科研并重型高校教师岗位聘任制的实施发展提供一定借鉴意义。

（一）A 高校聘任制实施概况

为全面落实国家关于事业单位聘用制改革和收入分配制度改革的要求，切实做好学校岗位设置管理工作，根据人事部《事业单位岗位设置管理试行办法》（国人部发〔2006〕70 号）、《〈事业单位岗位设置管理试行办法〉实施意见》（国人部发〔2006〕87 号）和人

◇ 高校教师资源管理与配置研究

事部、教育部《关于高等学校岗位设置管理的指导意见》（国人部发〔2007〕59 号）等文件精神，A 校于 2009 年实施了第一轮岗位设置与聘用工作。在推行岗位聘任制四年之后，至 2013 年 12 月 31 日，各类各级人员第一轮聘期已满。高校经过对第一轮聘任期间所遇到的问题的分析研究和归纳总结，经过学校党委常委会研究，决定在第一轮岗位设置与聘用的基础上，全面开展第二轮岗位设置与聘用工作。

（二）岗位设置与结构比例

根据上级部门批复的岗位总数，将教师系列分为讲师八、九、十级，副教授分为五、六、七级，教授分为二、三、四级，按照当时已有教授、副教授、讲师的人数，学校人事处按各职级的结构比例下达岗位数。

1. 岗位总量、类别、比例

按国家部委批复的岗位数量、类别及结构比例执行，见表 3-1。

表 3-1　A 高校岗位设置审核表　　　　　　　（单位：个）

单位岗位总量	类别	管理岗位	专业技术岗位	工勤技能岗位	特设岗位
1965	比例	18.00%	74.00%	8.00%	—
	数量	354	1454	157	—

2. 专业技术岗位等级及结构比例

专业技术岗位设置二至十三级岗位。其中，二、三、四级岗位数量分类按照具有正高级专业技术职务人员数量的 10%、30%、60% 的比例核定；五、六、七级岗位数量分别按照具有副高级专业技术职务人员数量的 20%、40%、40% 的比例核定；八、九、十级岗位数量分别按照具有中级专业技术职务人员数量的 30%、40%、30% 的比例核定；十一级、十二级岗位数量分别按照具有初级专业技术职务人员数量的 50%、50% 的比例核定，见表3-2。

表 3-2　专业技术岗位等级及结构比例审核表　　　　（单位：个）

专业技术岗位（1454）	层次	正高				副高			中级			初级		
	比例	16%				31.00%			43%			10.00%		
	数量	233				451			625			145		
	等级	一	二	三	四	五	六	七	八	九	十	十一	十二	十三
	比例		10%	30%	60%	20%	40%	40%	30%	40%	30%	50%	50%	
	数量		23	70	140	90	181	180	188	250	187	73	72	

其中，专业技术二级岗位向重点学科和学位授权点倾斜，原则上在学校博士学位二级学科授权点、省部级一级重点学科等平台设置。

（三）岗位设置

高校设置岗位的前提应该是知岗，高校只有在充分了解自己需要什么样的岗位的基础上，去选择符合岗位职责要求的人，这样才能实现"人岗匹配"。高校的办学宗旨与岗位设置密切相关。A校为一所教学科研并重型的综合性院校，因而既要承担人才培养等任务，也应承担学科建设的重要任务。A高校在岗位聘任中各学院的岗位设置都是根据现有讲师、副教授、教授取得任职资格人数，按规定比例下达，只要取得相应任职资格者，才能聘到该职级相应岗位。

以A高校二、三级教授岗位为例，见表3-3，这些岗位由学校统一控制，按规则竞聘上岗，虽然体现了一定的竞争性，但只是在现有人力资源存量中聘用优秀者。一方面现有人力资源存量的优秀者并不一定能胜任二、三级岗位的职责；另一方面由于各学科在学校发展的历史不同，导致学校各学科发展事实上的不平衡，按现有人员的实力竞聘上岗，造成大量二、三级岗位被少数传统优势学科所占用，不利于新建学科的发展，同时也未体现出因学科发展需要而设岗。这也客观导致了学科发展之间的矛盾，影响高校组织效益的提高。高校的这一做法脱离了岗位的要求和特点，"人岗匹配"就会成为"空中楼阁"，失去根本。

表3-3　A校具有正高级职称专业技术人员现状　　　　　（单位：人）

单位（院系）	总人数	专业技术岗位二级	专业技术岗位三级	专业技术岗位四级
法学院	13	0	4	9
文学与新闻传播学院	26	5	9	12
美术学院	9	0	1	8
民族学与社会学学院	15	2	1	12
外语学院	10	0	2	8
经济学院	15	0	3	12
管理学院	12	0	2	10
公共管理学院	4	0	3	1
教育学院	4	0	2	2
计算机科学学院	7	0	1	6
数学与统计学学院	5	0	2	3
电子信息工程学院	7	1	2	4
生物医学工程学院	6	0	3	3
化学与材料科学学院	20	2	3	15
资源与环境学院	4	1	0	3
生命科学学院	17	2	2	13
药学院	16	2	3	11
马克思主义学院	10	1	2	7
体育学院	6	0	0	6
音乐舞蹈学院	4	0	0	4

续表

单位（院系）	总人数	专业技术岗位二级	专业技术岗位三级	专业技术岗位四级
继续教育学院	1	0	0	1
激光智能制造研究院	1	1	0	0
实验教学与实验室管理中心	1	0	0	1
学报编辑部	6	0	2	4
图书馆	1	0	0	1
创新创业中心	1	0	0	1
合计	221	17	47	157

（四）聘用过程

人岗匹配理论要求我们要做好岗位分析，岗位分析要对岗位的性质、环境、责任以及工作人员的条件进行系统分析，明确回答"什么样的岗位"和"什么样的人"等问题，在此基础上，我们就可以确定招聘和选拔的标准，有了明确并具有可操作的标准，就可以运用各种方法去进行人岗匹配。

1. 没有体现不同学科发展需求

首先，高校教师是一项自主性非常强的学术职业，不同类型的高校教师有不同的专业学术要求。从 A 高校聘用条件来看，并没有根据不同类型的学科进行划分，仅在科研论文条件中分为自然科学类和社会科学类。以专业技术二级岗位聘用条件中科研论文方面的条件为例，自然科学类人员以第一作者在 SCI 一区期刊上发表学术论文 5 篇以上；社会科学类人员以第一作者在《中国社会科学》期刊上发表学术论文 1 篇以上，或在国内权威学术期刊上发表学术论文 5 篇以上，或公开发表的学术论文被 SSCI 收录 5 篇以上。但是学校的院系单位却有二十多个，每个单位岗位的需求是不一样的，这样的模糊划分，不利于后期岗位工作和岗位管理，不能充分发挥岗位的职能，统一化的聘用条件是不适合高校教师聘任管理的，甚至会产生挫伤教师工作积极性、影响教师学术发展的严重后果。

其次，岗位聘任条件也未体现学科建设任务。高校是学科发展建设的共同体，所以在聘用条件中应当体现学科建设、团队影响力、组织管理能力等。而现行的聘用条件宽泛，聘用条件与岗位职责不对等，仅仅以科研、资历等为主要条件进行聘用。以专业技术二级岗位为例，聘用条件只有年限要求和学术影响、教学科研成果业绩的任意一项或两项。二级岗位应作为学科带头人的角色，相应的应具备组织管理能力和统筹协调能力，其岗位职责有负责学科建设、专业团队建设等。高级专业技术岗位在聘用条件中未体现岗位职责要求的基本素质，不利于学科发展建设，也无法激发教师队伍活力，提高组织凝聚力。

2. 对老资历的教师有倾斜

A 高校现行的聘用条件，通过任职资格年限的高低采取不同的申报条件。例如，在竞聘申报环节，对聘期届满考核结果为"合格"且取得正高级专业技术职务任职资格满 12

年、8 年、4 年的教师，在取得任职资格以来的业绩成果方面只需符合条件中任意一项（12 年任职资格）、两项（8 年任职资格）、三项（4 年任职资格），可申报竞聘学校专业技术二级岗位。取得正高级专业技术职务任职资格未满四年者却要符合五项才可申报竞聘。显然，这样的设置是对资历长的教师的一种大幅度倾斜，虽然体现了学校的办学发展过程，且照顾到了年老的教师，但这样的设置显然无法真正体现按照岗位职责的要求择优聘用的目的，同时对年轻教师们是一个不小的挑战。部分青年教师明显地不适应高校的教学和科研等工作的现象，甚至出现不安心于工作岗位的情况。这使得一些有才能的年轻教师被"拒之门外"，不利于学科发展建设的同时，也体现了竞争公平性的缺失。

招聘教师任职条件宽泛，一味迎合教师眼前利益，造成招聘的教师无法满足教师的要求，可用人数紧张，无法进行合理分配，这样的聘用条件不利于 A 高校的可持续发展。

（五）考核评价

科学的考核评价是实现"人岗匹配"的必要环节，也是能不能发现并最大限度地利用个人的优点，把合适的人放在合适的岗位，充分发挥他们的工作潜能，实现人才的有效利用的最关键一步。A 高校的年度考核和聘期考核可以说是学校评价教师和教师完成自我成就的重要评判指标，对于学校的管理和教师的自我提升都有积极作用，其存在问题主要有：

1. 年度考核评价主体设计不合理

从表 3-4 中可以看出，每年的科研考核不合格人数占比达到百分之三十几，零科研分的人数比例竟达到 25％以上。这样的数字是让人触目惊心的。由于科研具有一定周期性，不能仅在短期时间内表现出来，也应建立在各年度的基础上。因而科研业绩某一年未完成也在情理之中，但连续多年未完成的教师在科研方面的能力是存在问题的。在这一问题当中，学校迫切希望老师们多出科研成果，但是部分教师因为自己擅长的领域不同，比如教学型教授，平时的主要工作重点是放在教学上的，科研成果自然会比较少。而科研型的教授由于学校下发的课时要求，不得不放缓手上的科研工作。这样的结果既没有满足校方的需求，也没起到激励教师的作用。

表 3-4　2012～2016 年教师科研考核不合格人员情况汇总表　（单位：人）

年度	考核人数	不合格人数	占总人数比	教授	占教授人数比	副教授	占副教授人数比	讲师	占讲师人数比	0 科研分人数
2012	999	366	36.00％	34	17.42％	142	37.57％	190	42.89％	253
2013	1061	378	35.00％	33	17.19％	172	43.00％	173	36.87％	252
2014	1101	376	34.00％	37	17.70％	179	38.33％	160	37.65％	251
2015	1156	376	32％	35	15.98％	179	36.46％	162	36.32％	271
2016	1147	420	36％	45	20.36％	200	40.32％	175	40.70％	303

2.聘期考核设置不科学

聘期考核结果是续聘、解聘、转聘等的重要依据。聘期考核关系到老师是否能够继续在现有岗位任教，所以得到广大教师的重视。通过对 A 校教师聘期考核实施办法的研究发现，实施办法中对教师教学能力的考核主要体现在课时长短、学生评教、科研成果、论文发表等方面，然而对教师实际工作能力、教学态度、教学效果的评价标准却相对模糊和缺乏，更不要说制定量化型标准了。这种评价导向，是在引导高校教师把主要的时间和精力都投入到发表论文和搞科研课题上。这种不科学的评价导向不利于学生的教育和培养，不利于高校的学科建设。这就客观反映出 A 高校教师聘任条件的制定是脱离教师实际发展需要的，这同时也和大学职能理论中以人才培养为主，科学研究、社会服务、文化传承相互协调共同发展的理论基础相违背。

四、高校教师聘任制度的问题

纵观我国大学教师聘任发展的历史演变，发现其一直随着时代的变化而改革发展。目前，虽然大学教师聘任制已在全国全面推行，并且逐步从评聘合一到评聘分离，从侧重职称评审到重视岗位聘任，从国家分配到平等竞争，从行政管理到契约管理，实现了人才资源的自主配置，以及一定程度的人才流动，充分调动了大学教师的积极性和主动性，提升了高校师资队伍的能力和水平。尤其近几年随着人事单位改革的深化和推进，中国大学教师聘任制改革也进入突破阶段。经过好几代人的努力和国家政策法律的推动，大学教师聘任制的改革确实取得了一定成就。

但是，现阶段我国教师聘任制仍然存在诸多问题，比如制度环境不完善、聘任理念落后、缺乏契约精神以及聘任合同不规范等现状都制约着我国大学教师聘任制的发展。下文将以合同文本作为出发点，以小见大地剖析中国大学教师聘任制实施的问题及原因。具体来讲，包括以下几个方面：教师聘任合同性质不明、合同主体地位缺失、岗位职责规定不清、合同约束效力低下、双方权益保障不明等问题。

（一）聘任合同性质不明，聘任主体地位缺失

1.教师聘任合同性质不明

虽然，我国颁布的一系列政策文件都强调高等学校要推行教师聘任制改革，相关法律也明确规定高校与教师具有平等的法律地位，教师与学校应当遵循平等自愿的原则签订聘任合同。但是，这些文件都没有明确指明大学教师聘任合同的性质。

因此，关于大学教师聘任合同的法律性质，学者们各持己见，综合看来，主要包括以下四种观点。第一，大学教师聘任合同属于劳动合同。因为教师与学校之间的法律关系属于劳动合同关系，所以签署的聘任合同自然归属《中华人民共和国劳动法》的批判。第二，大学教师聘任合同属于行政合同。因为大学属于事业单位，比较接近政府的性质，人员管理方式也较为接近行政管理，因此，在事业单位工作的大学教师，签订的合同自然属于倾向于行政合同。第三，大学教师聘任合同属于雇佣合同。因为组织机构与职工的关

系，本质上也是劳动雇佣关系。大学教师作为知识生产的劳动者与大学的关系自然也属于劳动雇佣关系。该观点认为劳动合同属于特殊的雇佣合同，是雇佣合同的下位概念。第四，大学教师聘任合同兼具行政与民事双重特点。因为该观点认为高校与教师的关系，属于行政法律关系与民事法律关系。签订合同前，双方是自由平等自愿的；但是签订合同之后，双方地位不平等，教师个人利益要服从于学校的集体利益。而且，因为教师与学校的人事关系具有一定程度的行政关系性质；当双方都要遵守合同，采取合同管理，一般合同属于民事合同，所以具有民事关系的性质。但是综上，可知教师聘任合同是在国家政策、学校法规的大框架下实施管理的，所以具有双重性质。

结合具体的合同文本可以发现，由于教师聘任合同性质不明，教师聘任合同文本内容存在诸多问题，比如适用法律缺失、充斥大量政策性用语、不公平与不合理、自行设定、人事争议处理不畅等缺陷。① 比如，某校的各类教师聘任合同，在有些合同中，甲方不承担乙方的社会保险，则此时该聘任合同有劳务合同的属性，而另外一个合同则明确表示该合同适用于《中华人民共和国教育法》，此时该聘任合同属于劳动合同。那么学校对于不同的教师采取的合同性质不同，处理相应的人事争议也就不同，这就会造成人事管理的混乱等问题。出现人事纠纷时，双方就没有可以依据的法律加以解决，或者是处理方式比较单一，只有司法救济一条路可走。因而，聘任合同性质不明对教师聘任制的实施造成了一定阻碍。

2. 聘任主体地位缺失

大学在聘任制度中缺失主体地位。根据我国相关教育法律法规的规定，大学有权自主聘任教师。但是，中国的高校长期处于政府控制和行政约束的制度环境中。学校的诸多事务都是遵循国家的指示。其中自然包括人才引进、教师的评聘等事务。形成了以行政配置机制为主要运行机制的"国家控制模式"。在大学教师聘任制度方面表现为：教师聘任制的改革基本完全由政府主导和推动，聘任谁、怎么聘、聘任程序和聘任条件等问题都由政府说了算。而高校的话语权却比较微弱，导致自主聘任的动力不足。由于政策和体制上的原因，自由流动的教师人才市场还未形成，教师的聘任、晋升、福利分配、权利义务等依然要受到教育行政部门指标或规章的约束；而且，由于长期以来政府对高校人事决策和人事管理的直接控制，使得高校失去了人事改革自主决策的意识，使人事决策制度和人事政策规范缺乏个性。

教师在聘任合同中缺失主体地位。由于制度设计过重，强化了行政权力的作用，导致大学内部的组织形式过于官僚化，行政权力成为主导力量，学术权力作用被忽视，因此行政部门几乎包揽了所有事务的决策权和管理权，在很大程度上削弱、压制以教师为主体的学术权力。即使国家政策和相关法律都明确规定，大学作为聘任方与受雇教师的关系属于平等主体之间的法律关系，双方应遵循平等自愿的原则，在协商一致的基础上达成聘任合

① 祁占勇. 中国高校教师聘任制：过去、现在与未来［J］. 中国教育法制评论，2009，160－179.

同；但是在实际操作过程中，由于大学既是聘任者又是管理者，在这种双重身份下，大学极易倾向于管理者的角色，违背教师与学校的平等主体地位。在这种情况下，即使签订合同前学校与教师处于平等地位，一旦合同签订，大学与教师又处于命令与服从、管理与被管理的原始状态。

（二）管理机制不完善，聘任规定不严谨

1. 岗位职责规定不清

岗位设置是人事管理的基础，即人事分类。人事分类一般分为两种：一是职位分类，二是品位分类。前者依据职位的性质、工作困难程度、责任轻重等对职位进行分类；后者主要依据个人所具备的条件，如资历、学历水平等对人员进行分类。建立职位是基于特定专业和技术任务的分解。由于大学教师岗位属于专业技术岗位，因此，大学教师聘任制中的岗位设置侧重于职位分类。

纵观我国大学的实际情况，绝大多数没有严格按照岗位设置原则设置岗位和职责，在确定教师职务时，通常依据预定好的指标来评估，较少考虑教师的专业性、教学和研究的能力以及道德与相应职责是否相一致，与真正意义上的岗位设置还有很大的差距。这一现象很可能由于"身份管理"意识强烈、"合同管理"意识薄弱以及教师分配长期与岗位职责脱钩。因此，就会导致一些不公平不公正的现象发生，从而使充满活力的教师聘任制度流于形式，竞争性与激励性毫无作用。[①]

比如某高校的教师聘任合同中，将岗位职责一分为二地进行阐述，合同条款只是陈列了总的目标与工作任务，却没有对于该项职位的工作困难程度进行一个评定，以便受聘教师能够在签订聘任合同之前进行衡量和参考。有的合同岗位职责规定不全，只要求了课程与教学，还有人才培养和科研方面的工作任务，但是都是同一种标准，然而大学学科专业差异较大，只采取一种岗位职责要求则有可能有失公允，但是由于相应专业的教师，在聘任合同制定方面缺乏话语权，学校只是生硬地根据国家事业单位的岗位说明书，以及学校的岗位职责规定来设置聘任合同的岗位职责要求，那么极易出现岗位职责规定不清等问题，这对于教师聘任以及聘后管理都是极其不利的。

2. 合同约束效力低下

要保障大学与教师权益，首先就必须加强聘任合同的约束力度，要保障合同的约束作用，就必须规范高校内部管理制度。因为内部管理制度是用于加强人员管理，保障契约双方权利和义务的行为准则。内部管理制度不仅是为了约束教师的行为，更是为了维护受聘教师的合法权益，体现了以人为本、以师为本的人力资源管理方式。现阶段，各高校进行人事制度改革后，教师任用方式逐步采取教师聘任制，要保证它顺利实施，需要各高校根据自己的实际情况，建立健全各自的内部管理制度以及学校章程，形成明确具体的规章制度，为教师聘任制度划定界限、赋予权力。但由于改革的渐进性，学校行政权力与学术权

---

① 赵志鲲. 我国大学教师聘用制度改革探析［J］. 黑龙江高教研究，2010，（2）.

力的失衡以及法律法规的滞后性等阻碍，相应的教师管理制度不够健全，比如有关教师岗位管理、定期和聘期考核、解聘辞聘以及未聘人员安置制度等。这些作为聘任合同的支撑制度得不到完善，聘任合同的约束效力就很难提升。那么即使教师和大学确实签订了各种合同，但是一旦出现人事纠纷以及其他没有预测的矛盾和冲突时，聘任合同就失去了原有的约束性，甚至有些问题超出了合同的约束范围。约束力低下的合同又怎么能成为教师专心学术的定心丸呢？同时，由于当今高等教育领域存在人才恶性竞争和无序流动等问题，大学作为聘任方，面对被挖走的人才，有时也十分无奈。

比如，某高校的聘任合同中，对合同的变更和解除的规定虽然能够起到一定的约束作用，但是力度较弱。在该合同中只提及了"受聘教师不履行合同职责，学校有权终止合同"，但是没有提到如果学校违反合同内容或者没有履行自己的义务时，学校应当承担的责任，以及教师能够怎样维权、向谁维权等内容；还有当"受聘教师在聘期内提出辞聘时要承担相应违约责任"，但是并没有规定该教师到底要承担什么程度的责任，如果该教师能够找到比现在这个学校的薪酬、福利以及环境等更好的工作单位，那么该教师就不会在意承担一定的违约责任，因为未来的回报远远高于现在的付出的代价。至于"聘期内发生双方无法预见、无法防范、无法履行的事情时，双方应按照国家有关规定处理"，这一条款也在一定程度上减弱了合同的约束力度，因为这相当于将处理问题的责任推脱给了外在的第三方，而国家的相关规定对于微观的事件也许不能进行妥善的处理，这就导致双方的权益极易受到损害，尤其是处于相对弱势地位的教师。

五、高校教师聘任制实施问题原因分析

（一）旧体体制长期存在

高校作为事业单位的典型代表，其人事制度改革远落后于其他行业，传统的建立在计划经济体制下的高校人事管理制度已无法适应社会主义市场经济的需要。目前，我国实现教师人事管理社会化的高校并不多，绝大多数高校仍停留在事业单位的状态。高校教师的单位所有制难以被打破，严重阻碍了教师聘任制的实施，给国家财政带来了巨大的负担。

（二）管理模式过于单一

在传统的计划经济体制下，高校在内部形成了以部门所有制为基础，以固定编制为导向的封闭式师资管理模式。高校对教师聘任、任命、晋升的决定权掌握在教育主管部门手中，教师只能服从分配。在高校管理层面，"行政权力与主导"的管理理念根深蒂固，学校权力过于集中在行政部门，行政权力取代学术权力的现象十分严重。党政人员是高校唯一的合法管理者，教师则成为被管理者，随着社会的发展，原有的高校教师管理制度已经无法适应当前社会发展的需要，旧有制度的长期施行，使教师的单位所有制观念根植人心，使教师聘任制改革困难重重。

（三）相关机制还不完善

教师聘任制实施过程中相关机制的不完善也是导致我国高校教师聘任制实施成效不理

想的原因之一。我国高校缺乏合理的教师学术评价机制。目前，我国高校对教师的学术评价权没有完全掌握在学术同行手中，在评审中"外行评审"和暗箱操作的现象屡有发生。在一些学校，评审只注重定性考核，而不注重定量考核；而有些学校则过分注重量化考核，把科研成果、论文数量作为学术评价的关键指标，致使教师中普遍存在"重科研、轻教学"，重论文数量、轻质量的现象。我国高校对教师的激励机制不足，由于受到传统事业单位工资系统的影响，高校教师的价值没有得到充分的体现，由于高层次人才和紧缺专业人才的收入仍远低于其市场价值，导致高校人才的隐性流失现象严重。

（四）缺乏相关法律保护

近几年来，涉及高校教师聘任制改革的法律法规，虽然数量很多，但规范性不足。如现行法律对教师聘任制的法律性质没有明确的界定；对教师与高校签订的聘任合同的法律基础及调解依据也存在一定程度上的争议，无法为教师解决聘任纠纷提供有效的法律途径；除此之外，一直没有法定的、内容详尽的教师聘任制步骤出台，致使我国各高校多自行制定聘任制度，严重影响了高校教师聘任制实施的公正性。

第二节 高校教师晋升管理与现状

一、高校教师晋升制度

晋升制度是在了解、分析教师情况的基础上，对教师作出价值衡量的一种过程，晋升评审的实施对教师的专业发展具有重大意义。教师晋升制度的有效运用可以激励教师更好地工作。晋升评价的过程也是教师认识自身优缺点，反思自己工作的好机会。通过晋升结果的反馈，可以促使教师去反思，去自我改进，自我完善，从而更好地提升自身素质。晋升评价，尤其是其中的外部评价，不仅促进教师自我成长，也是教师成长的一种社会动力。要确定教师的专业发展是否达标，就需要对教师的专业发展进行评价。通过评价，我们才能获取信息，了解教师专业发展的需求，并在此基础上，采取一定的改进措施。

"晋升即职位上升，是指对于有等级之分的职务、职称等，从低级别到高级别的升迁。"[①] 通过晋升，员工可以获得责任更大、享有更多权利的岗位。制度是企业和单位为了体现晋升的公平、公正，制定的一系列规范。制度本质上就是一种规则与规范体系。在此认为，晋升制度就是指在职务、职称等升迁过程中应该遵循的一系列规则与规范，明确企业及单位提倡什么，反对什么。晋升制度应该遵循德才并重、机会均等的原则，通过公平的竞争，重用和晋升德才兼备的人才。好的晋升制度对于提升员工的素质和能力，充分调动员工的主动性发挥积极作用。此外，晋升方式应该灵活多样，既要实行对大多数员工的"阶梯晋升"方式，又要采用对特殊人才的"破格晋升"方式。目前，国内主要有三种晋

---

① 张东. 浅谈人事档案的作用 [J]. 城建档案，2012（2）：81.

升机制：一是基于年资的晋升机制，晋升的主要标准是参加工作的时间长短和资历深浅，优点则是晋升标准明确、简单易行；二是基于绩效的晋升机制，晋升标准主要看员工在现在岗位上的表现和绩效。这种晋升基于一个理念，一个人如果在他现在的工作岗位上表现优秀，那么他也一定会在更高的岗位上有所作为；三是基于人际关系的晋升。"晋升主要是看员工与领导和同事的亲密程度。"① 一些企业领导往往喜欢晋升自己的亲近者，这样以后在工作中沟通起来比较容易，有利于相互合作，而且通过提报进一步巩固双方的关系，今后可能得到对方更多回报。

这里所涉及的高校教师晋升制度主要是对不同级别的高校专职教师在职务级别、任职资格、岗位职责、晋升标准、晋升程序、晋升政策等方面的管理规定。它是"对高校教师的工作职位、工作性质和工作层次做出划分的方式，也是考核各类教师工作表现、工作成果、工作业绩的一种激励制度"。② 目前，我国高校教师晋升职称主要分为教授、副教授、讲师、助教四个级别。有些高校规定，助教满一年可以升为讲师，讲师满五年可以晋升副教授，副教授满五年可升教授。评判教师能否晋升最主要指标是教学和科研。因此，教师的教学水平和科研水平是决定教师能否晋升的关键。同时，高校教师晋升制度也是促进教师不断提升自身水平、完善自我的重要手段。

二、高校教师晋升制度的主要内容及特点

目前我国的高校教师晋升主要划分为助教、讲师、副教授及教授四个级别。不同层级对教师的基本条件和年限的要求不同。针对不同特长类型的教师，晋升的途径又分为三种类型：教学型的教师、科研型的教师以及教学科研型教师。然而，由于大多数地方高校对专门的教学型、专门的科研型教师的要求较高，大部分教师主要是走教学科研型的道路。

（一）高校教师晋升制度的主要内容

1. 晋升条件

关于高校教师晋升的条件，一般主要涉及教师的学历、资历要求、教学业绩、科研成果要求及社会服务。其中社会服务方面，部分学校不作为硬性指标要求。在教学方面，主要是对教师的教学数量、教学效果和对学生的指导方面考查；在科研方面，主要是看教师文章发表的数量及其发表期刊的级别。

第一，由助教晋升为讲师。晋升讲师，对教师来说相对还是比较容易的。在学历和资历方面，申请讲师，一般博士学位可直接申请；硕士及本科学历在拥有相应年限的助教工作年限之后也可以申请。在教学方面一般要求承担一门以上课程的教学工作，并且教学效果良好。在科研方面，不同学校要求不同，大多是发表 2 篇核心论文或申请一定级别的项目即可。

---

① 胡琳. 基于企业管理者素质模型的晋升机制标准 [D]. 长春：东北师范大学，2007：18.
② 刘美娜. 大学文化视域下高校教师晋升与评价制度研究 [D]. 哈尔滨：哈尔滨工业大学，2009：12.

第二，由讲师晋升副教授。由于名额的限制，在高校中晋升副教授还是有一定压力的。在我国高学历人群大幅度增长的今天，青年教师申请副教授均需要博士文凭和相应的工作年限要求（一般讲师工作 5 年以上）。一些年龄较大的教师，即使只是硕士学位，如果工作年限够长，也可以申请副教授。在副教授阶段分教学型、科研型、教学科研并重型的教师。对于教学为主的教师，对教学质量和课时数方面要求较高，科研一般在相应期刊发表较少数量文章即可。对于科研型的教师，教学质量一般达到中上水平即可，对科研中期刊论文的发表的数量和期刊级别要求较高。教学科研型教师在对教学和科研要求方面均处于两者的中间水平。

第三，由副教授晋升教授。教授的名额相对很少，竞争压力也很大。由于各校教授数量的限制，很多学校的教师即使达到了教授职位的要求，也要等上好多年才能评上。总体来看，晋升教授必须具有博士，且至少在副教授岗位上工作 5 年以上。有些学校还对教师的出国访学有一定的要求。在教学和科研方面，教授也和副教授一样分为教学型、科研型和教学科研型。只不过在教学上教学的质量和对学生的指导比副教授高许多。在科研上要求的论文和著作数量以及课题申请比副教授也高出一截。对很多高校教师来说只要成为教授，教师的职业生涯就可以高枕无忧了。

2. 晋升程序

高校教师的晋升一般可分为以下几个步骤：

第一，个人申报。这个阶段需要教师精心准备自己的材料，将个人的学历背景、聘用历史、教学能力、科研状况以及相关的履历和荣誉都做出整理上交所在单位。

第二，资料审核。所在的单位对申请人的材料进行认真审查，尤其关注各种证书、聘期考核结果以及学术论文著作是否真实。审核后的材料要进行公示，接受监督。

第三，单位推荐。各单位组织相关专家对符合条件的人员进行评议，本着公平、公正的原则，对申请人员进行综合评价并确定推荐人选，并将获得资格的人在单位内进行公示，一般 5～7 个工作日。如无异议，可上报并呈送相关材料。

第四，同行鉴定。目前很多学校会统一组织校外的同行专家对申报的材料进行匿名评价。

第五，学校评议组评议。学校评议组对申报人的学术水平进行评议、打分、排序。然后向上一级专家委员会推荐。

第六，学校专家委员会。专家委员会对申报人员再进行综合评价，然后确定获得资格证的人选，并对资格人进行校内公示。

第七，公布，对于校内公示无异议的人员，学校进行发文公布。

3. 晋升评价主体

第一，教师自评。作为一种内部评价，教师自评是教师自我分析、自我认识、自我估价的一个过程，也是促进教师发展性评价的核心。这种评价方式有利于突出教师的主体地位，体现对教师的尊重。教师可以参照学校的工作目标，检查自己是否达到晋升职位的标准，审视自己工作中的表现，通过"工作总结报告"或个人自述的方式来展现评价结果。

第二，同行评价。同行是对教师的教学科研水平认识最清楚的群体，也是教师晋升评价的主体。同行评价是考查教师晋升最重要的依据，主要涉及教学评价和科研评价两个方面。教学方面，通常采取随堂听课的方式了解教师的备课、课程内容设计及授课情况，并对其作出评价。科研评价多采用书面定性评价的方式，通过审阅被评价者的学术材料，对其学术水平给出定位。一般都采用匿名的方式。

第三，学生评价。学生是教师教学活动的主体，最能直观反映教师教学情况，因此学生评价是教师教学评价的重要方面。学校通过了解学生对教师的反映，来获取教师教学水平的一手资料。然而，很多时候学生评价仅是沉于形式。一是由于有些学生对评估缺乏认真态度，应付了事；另一方面学生自身认识水平的限制影响对教师教学水平的评价。

第四，上级领导。学校的上层领导会组成评估小组，对教师的各项工作进行监督检查，然后作出评估。这样有利于了解被评估者的真实情况，加强评估工作的精准性。

（二）高校教师晋升制度的特点

由于高校教师工作的特殊性，决定了高校教师晋升制度的特殊性。

1. 评价内容的复杂性

由于教育工作本身具有一定的复杂性，所以高校教师的晋升评价也具有复杂性。教育的复杂性表现在多个方面：教育的本质具有多样性、教育的因果关系呈现非线性、教育的功能具有相对性、教育活动的结果具有不确定性、教育的影响因素具有多样性、学校的组织具有复杂性等。对于这样一个复杂职业，我们也不能用简单流程评判出哪个教师水平高。教师的职业特点及劳动属性决定了其劳动的复杂性，既需要教育经验，又对创造性有所需求。从老师自身来看，既需要科学知识，又需要感情投入。因此，高校教师晋升评价对象的复杂性决定了高校教师晋升评价工作是一项复杂的工作。

2. 评价标准的客观性

高校教师的晋升评审应基于教师的客观成具和客观表现，对教师给予公平的评价。从高校教师的教学水平来分析，既要关注教学活动对学生影响的深度及广度，还要关注这种影响是不是符合学生与社会的需要和期待，是不是本学科所应该实现的。评价的客观性是指要依据教师的教学行为所产生的实际影响、实际效果来评价。此外，晋升评价的过程和结果也应公开化和透明化。

3. 评价领域的多维性

高校的教师晋升评价涉及教师在教学、科研、社会服务等多个领域的评价，既包括显性的也包括隐性的，既有短期的也有长期的。在教学方面，教师既要关注学生学业的进步、知识的积累、能力的提高，又要对学生进行人生观、世界观及价值观的教育。因此，教师的教学能力既要有自己的专长，也要兼顾其他的专业、技能。同样地，在科研和社会服务方面也应如此。这些方面决定了高校教师晋升评价具有多维性。这种多维性导向的晋升评价也使教师不断去提升自身素质以适应职业要求。

4. 评价指标的权重性

教师晋升评价具有多维性，基于不同的学科、专业之间存在着差异性，研究方向也有所不同，那么晋升评价指标的侧重点也应该有所不同，晋升评价指标的权重就表明了不同的工作标准具有相对重要性。比如，在偏重于教学的大学中，教师的评价指标中教学工作的指标权重应该比科研的高一点，而在偏向于研究型的大学中，科研工作应该比教学占有更大的指标权重。

5. 评价对象的主体性

在教师晋升制度中，应该尽可能地去调动教师个人的主观能动性，让其积极配合晋升评价工作，这样才能更好地突出晋升评价的准确性。在教师的晋升评价中，应该充分注重教师的主体地位，发挥教师自我评价作用，来加强教师对于晋升工作的主动评价信息，从而作出客观、科学的评判，也有助于教师自身去发现问题、改进和提升自身工作水平。

三、高校教师晋升制度存在的问题

目前，我国大部分高校晋升制度中存在着晋升名额少、压力大，晋升评审重数量轻质量，重科研轻教学，职称晋升评价体系不完善，晋升评定中论资排辈、拉关系等问题，造成高校中部分教师过于急功近利，功利化倾向严重。高校作为一个组织，如果仅仅注重教师"经济人"的作用及对教师进行结果评价，不能够充分发挥晋升制度对教师的激励和促进作用，是很不利于教师专业发展的。

（一）教师晋升名额较少

从过去的"博士毕业留校即是副教授"到"讲师晋升副高都十分困难"，高校教师队伍的建设正面临"职称拥堵，晋升困难"的现状。目前，高校教师晋升名额少，压力大已成为一些高校比较突出的问题。

名额少、晋升困难等问题不仅对教师产生了消极影响，也给学校带来了损失。一方面，一些优秀青年教师达到晋升标准，却得不到及时的晋升，挫伤了其学习和工作的积极性，他们的教学和科研工作的热情减弱，产生职业倦怠；而一些进取心比较强的教师，面临教学和科研双重压力，也产生了焦虑心理。另一方面，晋升困难也造成了高校教师人才的流失。这些教师都是学校招聘的比较优秀的人才，然而因名额限制，迟迟未能得到晋升，最后被一些其他高校以较高的职称和待遇聘走。

（二）晋升评审重科研轻教学

重科研轻教学是近几年教师晋升评审中被关注的重点问题。虽然很多高校已经意识到教师晋升中要兼顾教学与科研，并采取了相应措施，然而在具体考核中，并未将教学、科研并重落到实处。理论上教师晋升的考核应包括教师教学工作和学术成果，既要注重考核教师教学的量与质，又要注重评价其科研水平。科研成果只是其中的一项指标。科研成果与其学术水平有较直接的联系，但与其教学水平不能完全成正比。然而一些高校为了提升自己学校的办学层次，扩大社会影响，不顾学校的办学定位，一味强调科研成果。虽然学校的晋升标准上设置了专门的教学岗、科研岗，以及教学和科研岗；但是专门的教学岗和科研岗对教师的要求非常高，大部分教师都选择教学科研岗的晋升渠道。在教学科研岗中，对教学的定位相对较低，而且主要关注教师的上课数量，对所有教师来说几乎没有什么区分度。因此，当教师面临晋升中的教学和科研双重压力时，在充分考虑两者孰轻孰重之后，选择了教学上的"忽悠"，科研上下"功夫"。此外，在晋升评价的过程中，评审人员关注最多的也是教师的科研成果，教学方面处于次要地位。

（三）晋升评审重数量轻质量

我国很多高校对教师的评价以定量考核为主。"根据所谓的核心期刊、课题级别、获奖级别等进行分数的转换核算"。[①] 其中将学术论文分为核心期刊和非核心期刊，核心期刊又分为三种类别；课题级别和获奖等级又分为地方级、省部级、国家级；出版物也有国家、省级之分。这种晋升考评只关注文章的长短、数量的多少、专著的厚薄及刊物的级别，对学术水平难以兼顾。在科学研究被量化的背景下，教师更多的是为了金钱而从事学术活动，学术活动已经被商品化了。有人曾指出"评审要量化工作表现，等于将教师变成一堆可以描述、计算并能互相比较的数据"。[②] 量化考核也让教师每天都在为学校的考核指标奔波，在哪个级别刊物上发表多少文章，承担什么样的课题，获得多少经费，获得什么样的奖等。不少教师进行科研只是为了晋升，研究了一些无用的成果，或者为了参加评审，把一篇文章拆成几篇发表或把尚未成熟的结论匆匆发表。现在，有些学校为了体现对论文质量的评估，对论文级别进行了划分，采用了"单篇影响因子数""影响因子总量""篇均影响因子数""他引数"等衡量指标，在一定程度上纠正了只顾论文数量的现象，但这些反映的是期刊的总体水平，并不是每篇论文的真实水平，而且收录上也存在不少的商业操作行为。

（四）学术道德失范问题突出

学术道德是为保障以推动经济社会发展为目的的学术研究得以健康、有序、有效执行的基本道德规范。学术道德失范，是指"学术人用不符合学术道德规范的手段去实现社会价值目标"。[③] 高校教师晋升带给教师的不仅仅是工资待遇上的福利，也给他们提供高一层的学术平台，更是对老师能力的一种认可。为了获得晋升，一些老师急于求成，利用关系或花钱去发表一些低质量的论文，更有甚者在评审资料上弄虚作假。这种不良的晋升风气不仅影响了晋升评审的公平，更是对学术道德规范的一种冲击。近年来，教师晋升评审中学术道德失范的现象屡次出现，而且包含各个层面的人群：教授、副教授、讲师。学术道德失范的后果显而易见，严重损害了"为人师表、身正为范"的形象，如此继续下去，只

---

① 张意忠. 关于完善高校教师考核评价制度的思考 [J]. 纺织教育，2008（4）：18—20.
② （英）鲍尔. 管理学：一种道德技术 [M]. 北京：三联书店，1999：132.
③ 江新华. 学术何以失范大学学术道德失范的制度分析 [M]. 北京：社会科学文献出版社，2005：31.

会阻碍学术的发展，进而影响社会的进步。

四、高校教师晋升制度存在问题的原因分析

高校教师晋升制度作为一种高校教师的管理手段，与教师的专业发展存在着对立统一的关系。不合理的教师晋升制度会使教师产生职业茫然或漠视，影响教师专业发展的积极性，阻碍教师专业发展；而合理的教师晋升制度则会更好地激发教师的能动性，促进教师专业发展。因此，只有建立合理的教师晋升制度，才能更好地激发教师潜能，促进教师专业发展。当前，我国的高校教师晋升制度还存在上述诸多问题，我们只有深入了解问题原因，才能提出更有针对性的改进策略。

（一）晋升岗位设置不合理

随着我国高等教育的不断发展，当前已经进入大众化阶段，大学教师的高级职称人数也在不断增加，为了自身发展，教师也在不断地追求职务晋升。事物总是在不断发展和变化着的，高校教师的职称晋升也是如此。目前，一些学校的教授、副教授比例甚至已超过政府规定，近年来也没有制定新的方案，再用原来的文件指导高校教师晋升工作，必然会影响教师积极性，影响教师专业发展。此外，一些学校在分配岗位比例时，没有考虑自身状况，直接采用国家宏观比例。由于高校内各个院系发展不平衡，造成岗位比例设置不合理。一些优秀教师，由于所在院系指标超额，无法申报；而一些并不突出的教师，由于所在院系指标充足，能顺利申请。这种岗位设置没有考虑学科发展需要，导致岗位设置不合理，人才配置不均衡，不仅不利于教师的专业发展，也不利于学校的建设。

（二）高校自身定位不明确

高校自身定位不明确，是造成教学和科研关系失衡的重要原因。目前，我国的大学一般可分为研究型大学、应用型大学和高职高专院校等几类。其中，对应用型高校来说，传道授业和传播一些应用知识是非常重要的功能。然而，有些高校自身定位不清，将目标瞄准国内一流研究型大学，造成工作重心偏差。一味重视科研成果，忽略教学激励和评价机制的完善，造成教师的教学和科研工作不能和谐发展，影响教师专业发展的均衡性。

（三）晋升评审指标设计不科学

现行高校的教师晋升指标体系设计存在诸多问题：第一，不能遵循教师劳动特点，对教师进行全面评价；第二，注重量化指标导致教师侧重于追求量，而忽视提升质，出现学术浮躁；第三，晋升指标的设置偏颇使学校内学科间发展不平衡，教学、科研和社会服务之间不平衡，不同发展阶段的教师间不平衡，学校长、短期目标间的不平衡。学校习惯于用统一的模式去要求所有教师，忽视不同教师因岗位不同、学科不同、年龄不同、学校层次不同而存在差异。在教师晋升制度中，就是晋升指标不合理、不全面的状况。在现在的高校教师晋升评价中，大多数学校注重科研能力，忽视教师应具备的其他素养。

在我国高校教师晋升评价的教学工作和科研成果指标中，教学主要是进行了"量"的

规定，缺少"质"的相关规定。每个教师的晋升指标主要看有没有完成规定的课时任务，如果完成，则通过审核。晋升评价指标的制定也缺少与教师的交流，不能充分体现教师状况，实现设计者初衷。在科研方面，晋升的指标主要是教师所发表论文数量，即在指定的级别期刊上发表，也有些学校对教师的课题有要求，基本上都是量的规定，对质没有实质性的要求。同时，教学、科研、论文指标都是结果导向，缺少对过程的重视，重数量轻质量。教学方面没有真正落实教学效果评价，忽视教学内容更新、方法改进及质量提高等。科研上只看课题级别，忽视课堂价值与实践意义。论文缺乏对论文质量与论文内容的真正考核。

对此，我们可以借鉴西方发达国家的晋升指标经验，将教师评价指标与教师自身和学校发展结合起来，对教师在教学、科研、社会服务等方面进行综合评价。指标要客观全面反映教师的水平，如科研实行代表作评价，教学注重效果评价等。

（四）晋升制度建设的文化缺失

1. 学术道德理念缺失，晋升价值取向功利化

高校教师在晋升评审中学术道德失范现象层出不穷，究其根源就是教师自身的学术道德意识淡薄、学术道德意志弱，缺乏学术责任感，缺乏对于学术研究工作的正确认识。学术存在的意义不是在原来的成果上"缝缝补补"，而是在于推陈出新。这样的学术才能更好地促进知识的发展，不断改造人类主客观世界的价值。总之，高校教师学术道德理念缺乏，内在学术自律精神尚未形成，导致了学术道德失范现象的发生。究其原因主要有两点：一是高校推行的学术道德教育缺失。当前越来越多的大学开始注重提升自身的软实力，尤其是在短时间内取得高水平的科研成果。而这些所谓的高水平成果必须是那些发表在有关部门认定的权威、核心期刊上的成果，才能算是高水平成果。高校一味地追求学术成果，却忽视了对教师的学术道德教育工作。二是市场经济的功利性价值取向以及人性的自私。高校把教师的晋升与科研成果挂钩，又把工资收入与职称晋升挂钩，这也让科研成果与教师的工资收入相联系。同时也让一些学术道德意识低的教师为了晋升，在科研中抄袭剽窃、学术造假，完全抛弃了学术研究的本质特点——创新性，或者为了迎合某些报刊，制造出了一些没有意义的学术垃圾，学术道德脱离了正常轨道。

2. 大学文化价值理念的缺失

"任何一项制度都体现着某种文化价值理念，反之，任何一种价值理念其客观存在必然体现在相应的制度上。制度与文化价值理念的关系如同一枚硬币的正反两个面，其差别在于制度是表层的行为法则，文化价值理念是深层次的行为信念。"[①] 高校教师晋升制度重数量轻质量的深层原因是大学文化价值理念的缺失。我国高教领域盛行唯科学主义，教师晋升体现量化标准的思想，把创造文化知识、传播人类文化的高智能学者当作了不知疲劳的"机器"。这种量化考核的模式，把教师作为"经济人"，只关注物质利益而没有精神追

---

① 邓周平，钱志发. 21 世纪中国高等教育制度的价值取向与操作设计 [J]. 清华大学教育研究，2001（2）：88.

求的片面人，忽视了教师"教书育人，服务社会"的责任，脱离了大学的本质精神。真正的学术研究要经历一个长期积累的过程，就像酿酒一样，时间越长，酒才能越香。知识的创造也需要经历长期的深思熟虑，才能够产生思想结晶。

高校将工业主义"质量观"渗透其管理理论，缺乏基本的人文关怀。目前，高校将企业管理模式应用在高校的科研和教学管理中，对教师采用量化考核的方式。这种量化思想的理论依据就是源于工业生产中"质量"的观念，注重量化效应。当前教师晋升考核存在种种问题，根本原因是高校晋升管理中的唯标准是从，唯科学主义，缺乏人文关怀。"高校与人类文化有着更为深刻的本质关系，从本质上说高校是一种与社会的经济和政治机构鼎足而立的功能独特的文化机构。"[①] 高校作为一所汇聚众多学者的公共机构，在晋升制度中也应体现其文化的独特性。高校内部制度的有效运行，也要依赖于文化所提倡的职业精神。晋升评价的宗旨就在于促进教师养成这种职业精神，体现大学的人文关怀。高校晋升制度作为高校文化的一部分应该建立"以人为本"的文化价值理念，对教师给予充分的关爱和培养。然而，由于一些高校受到市场经济利益的驱使，开始追求除学术以外的多重目标。大学采用市场的运行逻辑追求效率和效益，用功利化的市场取向及实用性的方式来评价教师，误导教师追求"短、平、快"的学术成果，也导致了重数量轻质量的学术风气的形成。

（五）晋升评审考核程序不完善

1. 专家评审和同行鉴定过程不公平

评审专家的差异性影响着教师晋升结果的公平性。为了保障教师晋升工作的公平性，大学在选择专家时，应尽量涉及高校的所有专业，不只考虑其科研水平、学术成就、学界影响度及品德方面，更注重学者的学术良知。在进行同行专家鉴定时，一些学校不能真正做到"单盲式"或"双盲式"评审，指定学科专家送审，甚至对第一次审核未通过教师，二次送审或改鉴定结论，影响同行专家鉴定的公平性，而公平性的缺失必然影响教师发展的主动性。因此，必须健全晋升程序，降低评审中的人情因素。

2. 评审过程缺乏有效监督机制

目前，高校还没有健全的晋升监督机制。虽然不少高校采取材料公示、建诚信档案等方式，但也有些大学没有严格规范审查制度，导致一些学术成果剽窃、造假等事情发生，甚至有学校将送审当走过场，纯粹形式主义。因此，只有健全晋升监督保障机制，才能促进教师晋升制度的规范化，保证教师公平发展。

3. 晋升后管理薄弱

很多高校对教师晋升后的管理都流于形式，使我国的高校教师基本上还是维持"终身制"，造成教师晋升呈现只"进"不"出"的现状。这也是晋升制度中的一个普遍问题。一些教师为了能够晋升去努力工作、努力写文章。但是一旦评上了就不再对自己严格要

---

① 王翼生. 文化是大学之魂［J］. 北京大学教育评论，2003（4）：43-44.

求，有些教师甚至几年不出任何成果。这也是因为高级职称已是教师中的最高职位，没有再上升的空间，评上也不会再降。对晋升后管理的缺失，会降低教师进一步发展的热情。

4. 晋升评审结果缺乏反馈救济机制

在现有的晋升考核体系中，部分大学并不能及时把考核结果反馈给教师，只是由院（系）的管理部门掌握，也有的只反馈给院（系）一级领导，甚至有时教师自己都不清楚考核结果。大多数时候，学校反馈给教师的结果不过是简单的不合格、合格、优秀。显然，这样的晋升评价制度根本达不到预期的目的，只关注了个别教师，注重了甄别和选拔，缺乏对大多数教师的关注，不能很好地起到激励和促进教师发展的作用。

为保障教师利益，当教师在晋升中受到不公平待遇或者晋升结果存在偏私等问题时，可以向有关行政部门提起申诉，而相应部门应该在调查后做出处理。然而，这更多的只是一种形式存在。我国还没有专门的对教师申诉案件进行处理的人员和机构，只有校内申诉这一种。这个唯一的救济途径，目前也并不畅通有效，缺乏相应规定和实际运作章程。

（六）缺少教师专业发展培训机制

高校是一个学习型的组织，教师作为其发展的重要成员，终身学习既是权利也是义务要求。教师只有不断学习，才能提高自身素质，促进学校发展。高校教师晋升应作为一种发展性评价，在了解教师水平的基础上为其提供合适的培训。然而，在我国高校目前还没有成熟的教师培训机制，对教师培训形成具体规划。部分高校对教师培训组织非常少，有些甚至没有，教师培训还没有引起高校的足够重视。在培训内容方面，也没有考虑到教师个体的差异，进行有针对性的培训，有些培训只是走过场，重形式而不重内容。在培训时间的安排上，也不是很合理。很多教师由于没时间，不能去参加培训。高校教师事情比较多，除了教学之外，还有论文发表、课题申请、学术会议等，没有足够时间去参加长时间的培训。因此，在培训时间、方式、方法上也有待进一步改进。高校教师专业技能培训的缺失也是重科研型教学的一个重要原因。加强对教师专业技能的培训，有助于教师更多地关注教学，提升教学水平。

第四章　高校教师人力资源绩效管理与激励机制

第一节　高校教师人力资源绩效管理与现状

一、高校教师绩效管理

（一）绩效

绩效在管理学中即为工作绩效，是员工通过努力完成工作的数量和质量，表明其完成工作的情况。绩效的考核也要分质和量两个方面，对于数量的评价用客观方法，对于质量的评价要用主观的方法[①]。

一般认为效率是衡量单独某一事情的效果，而绩效是衡量某一个组织或个人工作的整体效果。

新制度经济学将制度内生化，用经济绩效衡量制度对经济增长的影响，也就是制度的绩效。制度对经济增长的作用有两个方面：一是制度创新是一种生产力；二是有效的制度可以降低技术进步和技术成果转化为生产力的交易成本，从而促进生产力的发展。不同制度安排下的经济绩效是不一样的。制度促进生产力表现在宏观和微观两个层面上。宏观层面上，有效的制度环境及制度安排大大地减少了交易中的不确定性，降低了社会经济活动的交易成本。在微观层面，制度行使激励与约束的双重功能，有效制度能解决激励约束这两个市场经济中的基本问题[②]。

（二）绩效管理

绩效管理是指组织为了达到既定的计划或者目标通过一系列的沟通控制与管理的过程，使组织成员能够尽最大努力，从而达到组织所定的目标。绩效管理是一个动态的、系统化的过程，它包括了绩效的计划、沟通、辅导、考核、考核结果的运用以及反馈等动态的过程，从而形成一个较为系统和完善的绩效管理体系。

1. 绩效管理的特点

绩效考核最早应用于企业，企业是一种营利性组织，追求提升业绩、效率或效益的最大化，而绩效管理是有效的管理手段。高校作为非营利性组织，绩效管理的目的与企业有

---

① 李国杰. 现代企业管理辞典［M］. 兰州：甘肃人民出版社，1991：296—297.
② 卢现祥. 新制度经济学［M］. 武汉：武汉大学出版社，2015：271—298.

所不同。高校教师是高校的主体，承担人才培养、科学研究和社会服务三大任务，责任重大，其心理压力也较大，负担较重。因此对高校教师进行绩效管理就应考虑其特殊性。

（1）高校教师的学术性

高校的本质特征是学术机构，因此学术性是高校组织的基本特征。高校承担着推动人类社会不断进步和发展的责任，通过保存、传播知识和学问，并不断对社会已有的思想文化进行深入学术研究，推进研究进步，为社会服务，这是高校组织特有的学术属性。德国哲学家康德认为，各种不同学科的学者和拔尖人才聚集于高校，相互分工、共同为学术事业做奉献，在高校里形成"学术共同体"。并且高校教师是高校中的重要的人群部分，在高校中承担传授高深知识和创造新知识的责任，即履行着学术的责任。而高校教师要想产生真理知识，实现学术自由是前提条件。所以高校教师应享有学术自由和学术自治的权利。因此，在高校教师绩效管理制度中，需要为高校教师创设相对自由的学术环境和产生高深知识的专业发展条件。

（2）高校教师的心理特征

高校教师工作的主要目的就是将高校学生培养成对国家、对社会有用的人才，人才对社会的发展进步起着至关重要的作用，在社会的各行各业中，高校教师的职业声誉、社会认可度要明显高于其他行业的工作者。高校教师是一群受过高层次正规化教育的群体，具有较高的学历和文化水平、较高的专业素质和能力、较好的人格品质、拥有开阔的视野、积极的创意思维、较强的自尊心等。因此，高校教师作为高等教育人才，比其他行业的人员更注重追求知识和精神方面的需求，追求学术成就和教育成就，有强烈的创新和成就需要，当劳动成果和劳动价值被认可、被尊重时，教师会感到喜悦和满足，从而激发工作创造性和积极性。因此，在对高校教师进行绩效管理时，需考虑教师的心理特征。

（3）高校教师绩效形式的多样性

高校教师有自己的职业发展阶段，根据不同的学历、不同的学科专业背景、不同的工龄等，获得不同的岗位和职称等，不同岗位和职称的教师所授学科或者课程、主要任务、面对的学生等都会不同。例如，对于不同的岗位的教师，有教学科研、教学、科研、双肩挑和实验人员5种，对于专业教学教师，大多在课堂上教授知识，面对年轻的大学生，教师身为教育者不但要在知识方面教育学生，同时也会在道德、行为举止、思维方式、社交能力、语言表达能力等多方面影响着学生，因此在教学方面需要教师同时具备多方面的能力。对于专职科研教师，对于大多数学校而言，大约有文科、理科和工科3种，不同学科所面临的学术研究内容、研究方式、研究成果等自然也不同。例如，教学科研岗位的教师，不仅要承担教学的任务，还要承担科研的任务；而双肩挑是指除了教学或科研还有行政职务的教师；实验人员即在实验室做实验的教师。教师岗位、类型多样，所以必须考虑到教师绩效的多样性，对不同的教师进行分类绩效管理。

（4）高校教师绩效效果的滞后性

企业员工的绩效成果如制造业的产品，在制造完成出售之后就会对企业产生利润，而高校教师则完全不同，无论是培养学生还是科研课题，其价值的产生都具有一定的滞后性。教师的教学对象是大学生，他们是一群具有思想、情感、个性、独立性以及主观能动性的群体，因此，无论在什么时期，都需要教师随机应变地调整，不仅要不断学习新知识，还要加强创造性的培养。而培养学生的质量往往要到学生毕业数年以后才能显现出来，而且这种成果是难以量化的。另外，在科研方面，不同学科的教师，所研究的学术问题、研究方法、研究周期等也不同，有的研究短则半年、一年，长则三至五年甚至更长时间，许多成果可能要到数年之后才能真正地产生有利的结果或效益。因此对高校教师绩效不能简单地量化评价，而应考虑到教师创造的社会价值和隐性价值，体现高校教师绩效管理制度的公平合理性。

2. 绩效管理的目的

按照现代的管理体系，市场环境的日益变化和组织内部管理的变化，使得越来越多的组织注重绩效管理，从而提升员工的工作积极性，达成组织的既定目标。绩效管理作为组织管理的重要环节，伴随着社会的经济体制改革和社会发展的创新而不断变化。在绩效管理的实践当中，财务状况、工作能力、个人学习等方面越来越受到组织的绩效管理的重视。科学的绩效管理是当前我国组织人力资源管理的重要组成部分，对于激励员工卓有成效地开展工作，对于组织科学的管理员工都具有一定的实际意义和价值。

高校教师作为一个特殊的高智商知识分子群体存在，同时也是经济社会当中的普通分子，也面临着生活的压力，所以高校教师的绩效管理不仅要强调公益性，而且同时还要体现出激励性。应该通过一定的绩效管理方式，一方面激发高校教师的教学创新性和科研创新性；另外一方面通过绩效管理的方式，满足高校教师的经济生活来源问题，通过适度的绩效管理来提升他们的工作积极性。

3. 绩效管理的过程

（1）绩效计划

首先是要确定考核目标。计划是行动的指导，绩效管理必须要依照绩效计划进行。所以对绩效计划的管理，是绩效管理能否成功的关键环节。绩效计划的制订，要确定考评目标。考评目标确定之后，就必须要依照绩效目标，合理设置员工的激励计划，并且编制绩效计划书，明确每个员工的绩效指标和标准。所以绩效计划与管理是一个自上而下的过程，绩效计划的制订，必须从组织的最高层开始，根据实际的工作情况和既定的目标工作任务，将绩效目标层层分解到每一个部门，直到每一个员工。所以在绩效考评的过程当中，管理者需要达成组织成员的一致目标，通过目标来确定工作方向，推动绩效管理的实现。

其次确定考评周期。绩效管理需要确定考评周期。一般来说，考评的周期是一个月，或者是两个月，或者是一个季度，或者是半年，或者是一年，可以根据组织所处的外部环境和内部的经营情况加以确定，并且适当调整。组织在确定考评周期之时，不应该太短，如果一个星期就考核一次，会对员工造成巨大的心理压力，同时也会耽误正常的工作秩序。但是也不宜太长，两三年考核一次不能够充分地反映员工的业务素质和能力，所以对于考评周期的确定应该根据实际情况变化而变化。

最后确定考评对象。绩效考评的对象可以是组织的普通员工，也可以确定为组织的管理人员。另外，组织作为一个个体也同样可以列入考评对象当中，如总组织对分组织或者分支机构的考核。具体考评的指标和考评的方法和手段·必须要根据不同的考评对象加以确定，如对销售人员的考核，那么就需要多对销售数据加以评价，对行政管理人员考核的主要针对行政效率差异考核，对分支机构或者分组织的考评，主要针对分支机构的整体效率加以考评。只有明确的考评对象，才能够为后期的绩效考评开展奠定基础。

（2）绩效实施

组织的绩效计划确定之后，就可以实施绩效的考评·在绩效实施阶段，主要包含了两个方面的内容，一方面是绩效管理，必须要保持员工的沟通；另外一个方面就是绩效数据必须要收集。

在一般情况下，绩效管理实施期间都必须要与员工进行沟通，沟通主要是了解组织员工的主要工作情况和工作表现，总结工作的不足，了解员工的主要需求。管理者与员工进行沟通，应该秉承平等的态度，与员工坦诚沟通，这是一种尊重，同时也能从最根本上反映问题。在沟通的过程当中，员工要配合并相信管理者·对自身工作的完成情况以及工作的不足和未来的主要需求，以及期望都必须要坦诚相待。

绩效沟通方式一般有三种，分别为书面报告、会议沟通和一对一面谈沟通。首先书面报告是较为正式的一种，被管理者通过文字和图表的形式来阐述自己工作上所遇到的问题与障碍，以及对企业的建议与想法。书面报告的好处在于方便有效，且较为直观，对于员工所提供的观点或者数据等一目了然，不需要专门组织所有成员在同一时间共同参与，相对时间和空间上来说较为自由。但书面报告如果以定期的形式进行绩效沟通，很容易让其流于形式，员工甚至没有观点时写入一些套话，使得书面报告的有效文字较少，管理者浏览时难以区分有效报告或其中的有效建议。其次，书面报告一般为被管理者单方面向管理者的流动，被管理者长时间得不到答复或者无法灵活性地进行沟通。而直接面谈或者电话沟通是较为方便的一种沟通方式，其一般只需要两个人进行协商，时间和空间上来说较为自由，且谈话方式较为灵活，谈话内容可以迅速得到有效的反馈，有利于提高被管理者的积极性，但由于管理者时间有限，当被管理者出现面谈需求较多时，直接面谈或者电话沟通就显得较为困难。会议沟通是较适合团队的交流，需要管理者与被管理者在统一时间地点后进行交流，但会议沟通双方都需要注意谈话的效率与时间把握，尽量分条列点、简单明了地表达自己的观点。同时，针对不同部门或者不同团队上讨论一些共同的问题，而不针对个人；会议沟通需要每个人做好会议记录，在有限的时间内尽量听取及提出有效的问题及方案，缺点就在于人员和时间空间上的局限，同时谈话自由度较低。绩效沟通的主要内容包括组织的绩效计划是否合理；这项计划的实施效果如何；员工具有哪些需求；工作目标是不是明确；工作做得怎么样，还需不需要改善；工作目标需不需要调整；对管理层有哪些建议等，都应该列入沟通的内容。

绩效管理的实施离不开绩效信息的收集。一般组织如果确定了绩效管理指标，那么就必须要针对指标的内容收集数据。搜集数据主要是为了分析问题，分析员工在哪些方面做得还不足，哪些方面还需要改善，这是解决问题的第一步，只有分析出了问题，才能够有效地解决问题。绩效信息收集的主要内容包括：组织目标的完成情况，员工的工作完成情况，以及与员工工作的时序情况。信息的收集一般以此表填录数据为主，同样也可以根据周围的同事观察和领导的整体评价，作为收集数据的辅助。

（3）绩效管理与考核

在绩效实施完成之后，必须要进行绩效管理，考核是绩效管理的中心环节。就是在绩效考评周期的时间范围之内，对组织的目标完成情况和员工的工作情况进行整体的回顾和总结。在一般情况下，绩效管理包括员工的工作考核和组织的目标整体完成情况。针对职员具体的工作职责，制定可行合理的、定性定量的方法，对员工的工作的效果以及对企业的贡献度进行考核。绩效考核需根据公平公正、信息公开、奖惩合理等原则，考核方案中需要对考核目标、考核对象、考核主体、考核方法、考核结果做出具体明确的规定。

绩效考核本质上不只是对绩效结果的考察，也是对过程的管理。绩效考核是一个循环过程，包括计划的制订、对计划进行实施，在实施过程中发现问题，对问题的原因和解决方案进行探讨，改进考核方案并重新实施等。绩效考核的作用能够帮助认识到自己的工作职责，更好地完成工作任务，了解到自身的不足，促进员工个人发展，对于企业来说，有利于企业完成整体战略目标，增强企业的核心竞争力。通过绩效考核，还可以对员工的薪酬待遇等进行分配。员工的工资由固定工资和绩效工资组成，而绩效工资与绩效考核结果有着紧密的关系，但许多员工对于绩效的考核仅仅停留于为了工资的分配，实际上，绩效考核的主要目的是为了促进企业个人的发展与整体的发展，使双方最后达到双赢。另一方面，通过绩效考核，可以把将结果与员工的职位调整、培训学习机会、员工聘用等相结合，对企业的激励机制进行充分运用，使企业得以健康发展；对于员工本人，有利于不断自我激励、自我成长。

（4）绩效反馈

绩效反馈是绩效管理中的一个重要环节，反馈主要是考核小组等对考核对象进行书面沟通或者一对一面谈，针对工作过程中的不足进行谈论，其中需遵循经常性原则、对事不对人原则、多问少讲原则、正面鼓励原则等，使员工了解自己在绩效周期内的表现达标状况，并探讨绩效不理想原因及对其进行改进。

绩效反馈的目的是让员工对自己职位上的工作要求和过去自己在工作上的表现有更深入的认识，以确定今后的努力方向和改进方向，通过绩效反馈，员工能够清楚地看到自己在哪个方面做得不够而进行改进，有利于被管理者自身的发展和企业的总体发展。

公司指定的绩效反馈应该遵循经常性原则、对事不对人原则和制度性原则。绩效反馈应当是经常性的，而非间断时间过长或员工直接得不到反馈，在员工工作中，管理者应当在发现被管理者的不足或工作方向偏离其职责范围之时予以提醒，使之加以改正。同时，管理者在进行绩效反馈时应当遵循对事不对人的原则，避免因为人情或者人际关系等进行不客观公正的评价，对同样绩效结果的员工奖惩差别过大，容易导致绩效考核整个体系不公正、不公平，长此以往容易打击员工的积极性，造成人才流失。最后，绩效反馈需要有一套标准的制度体系，将绩效反馈制度化能够保证其信息公开，有利于绩效反馈的顺利开展，并需要给予员工一定的申诉机会。

另外还需要注意的是，绩效反馈之后，工作并没有达到如期的效果，目标也没有按期完成，那么绩效管理就有可能出现问题，就必须要针对实际情况的绩效管理和绩效管理加以调整，以适应组织的内外部环境变化。

4. 绩效管理的战略地位

（1）在人力资源管理中的地位

绩效管理是人力资源管理的重中之重，人力资源管理最基本的工作就是对组织人的管理。对人的管理，最基本的工作就是要激发人的积极性，充分地发挥人的主观能动性，为组织的工作效益提升奠定良好的人力资源基础。绩效管理作为人力资源管理的重要组成部分，是员工激励的有效手段。通过绩效管理，能够有效地激励员工的工作积极性，从而为下一步的工作奠定良好的思想和激情保障。

与此同时，绩效管理也是判断一个员工工作表现的重要指标。人力资源管理效率的最大化就是要使人的作用充分发挥。绩效管理可以看出员工在考核周期的工作表现，如果员工长期工作表现较差，绩效管理不尽如人意，多次绩效管理成绩靠后，那么说明员工的工作能力较差，在合同到期之后，就可以选择不再续聘。

另外，绩效管理也是提拔员工的关键指标。员工工作表现突出，绩效管理靠前得分较高，那么说明员工的工作能力较强，能够较好地完成工作，说明员工具有一定的业务基础素质和领导能力，这样的员工可以适当提拔和晋升。

（2）在组织战略中的地位

组织战略的完成，必须要依赖全体员工的共同努力。而有效地激发全体员工的工作激情，确保完成组织的工作目标，就必须要进行有效的绩效管理。绩效管理将组织的战略目标加以联合，通过组织的战略目标设置相应的指标，使全体员工沿着组织的战略目标开展工作，能够保证组织战略目标的顺利实现，在组织的战略地位当中具有十分重要的作用。

5. 绩效管理的作用

绩效管理是组织人员聘用的主要依据，由于绩效管理是科学的指标进行评价，对于员工的工作以及员工的学习和员工的发展等方面，可以进行全方位的定性定量考核，按照组织的既定目标和岗位工作说明书的标准要求，直接反映了员工的工作能力，决定了员工合同到期之后是否续聘，这在组织的人力资源管理当中具有十分重要的作用。

绩效管理也是人员升降的主要依据。根据组织既定的目标，按照岗位的说明书来开展工作，能够反映员工的工作绩效是否符合组织的岗位工作要求，是否能够按时高效地完成工作，如果员工的绩效管理得分较高，出色及时地处理好工作，就可以对员工进行提拔，而与此同时，如果绩效考评不满意，就说明员工的工作能力有限，可以对员工的工作职位加以适当调动，以起到激励与奖惩并存的良好局面。

绩效管理是人员培训的依据。组织通过绩效管理，能够整体把握员工的工作状况，对于员工普遍存在的工作薄弱环节，说明组织的培训还没有做到位，可以作为培训的主要依据。将绩效管理的反馈结果与培训相结合，能够使培训更具有针对性，对于组织整体素质的提高，也具有现实意义。

绩效管理是确定劳动报酬的依据。一般组织的绩效管理都会设定相应的指标，并且通过打分确定员工的工作绩效，打分较高的员工工作报酬就高，职位升迁就快，劳动报酬就更高。绩效考评结果较差的员工考评的分数较差，绩效奖金就较少，职位得不到升迁，劳动报酬难以提升。通过绩效管理，可以有效地确定劳动者的工作报酬。

绩效管理是人员激励的手段。由于绩效管理关乎到人员的升迁和人员的聘用，所以绩效管理能够有效激励工作人员的工作积极性。把绩效管理和员工的培训发展和劳动薪酬相结合，使组织的绩效得到充分的应用，有利于组织与员工共同健康、可持续发展。每一个员工为了获得更多的报酬收入和更高的职位升迁，获得更大的发展平台，都有可能努力工作，从而为组织创造更大的效益。

（三）高校教师绩效管理

高校教师绩效管理即在高等院校中以教师为主体进行的绩效管理过程，目的是通过合理的流程和科学的手段，结合院校育人为本的目标，围绕一定指标体系，公平、公正地评判教师在一定时期内的教学、科研、社会服务等任务职能范围内的行为、成果和未来效益，并对教师群体的最终评判结果进行合理运用，以提高高校组织的整体绩效，最终提高高校人才培养质量的过程。而教师评价在高等院校管理中存在多年，它是对教师以专业素养发展为基准的长、短期专业测评。对教师完成的各项工作、创造的各项价值、可能的贡献的水准进行衡量，做出社会普遍认同的评价的活动。教师评价分为单项（某个时间段内或某项单独业务）评价、态度（师德或个人发展）评价、业绩（成绩、升学率、成果等）评价及综合评价等。对教师绩效评价时，教师某个时期、某项评价的结果可以作为其整体绩效的支撑，可以对应折算在指标体系中。教师绩效管理可以算作是更利于组织成长的一种较为完整的教师评价的过程。

有关高校教师绩效的研究近年来呈现不断上升的趋势，但研究更多地集中在有关绩效评估，绩效管理等领域，对高校绩效的内涵及概念界定的研究不是很多。有学者提出高校教师绩效是高校教师在一定时间和条件下完成某一任务时所取得的工作业绩、效果和效益。表现形式呈现多样性，在工作效率、效益和工作成果的质量和数量等三方面有具体体现①，也有学者提出了高校教师的绩效是教师工作的结果、行为和未来潜力三方面的体现②，其中，高校教师绩效目标的实现情况是从结果中反映的，在绩效目标实现过程中的行为能力以及态度表现是从行为中反映的，高校教师在自我发展和提升中的意识和潜能则是由潜力体现的。还有些学者提出高校教师的工作绩效是其在工作过程中所体现的与学校组织目标相关的，可观测和评价的行为表现和结果③。

1. 绩效考核内容

从这些学者对高校教师绩效内涵的表述上，均比较认同高校教师绩效存在着多元性，既需要体现绩效的过程及行为的影响，也需要体现绩效行为实施后最终的目标或成果，是一个多元的综合显现。根据这一思维逻辑，本研究认为高校教师绩效体现的是一种个人绩效，是基于高校整体战略目标导向下，实现高校职能的个人任务和工作职责的汇总。具体形式表现为高校教师在开展人才培养、学术研究及社会服务等方面所采取的行动、行为及取得的成果、业绩等综合显现。

在考核内容上，大部分高等学校绩效管理的内容主要是科研考核与教学考核并重。

在教学考核方面，主要是针对目前高等学校教师的教学质量进行考核，包括学生的满意度评价、教学质量的评价、教学方法的评价、教学态度的评价、教学内容的评价、学生的逃课率、期末考试成绩及格率等。另外，还有少数高等学校，尤其是国内的名牌大学，在考核当中还会将教材的制定作为绩效管理的重要内容。还有不少高校在教学考核方面，将本科生的指导和研究生的指导数量列入教学考核指标上来。学生的日常社会实践等，也会成为教学考核的主要内容，诸如指导教师指导的学生获得挑战杯等大赛的奖项，指导教师可会获得相应的考核加分。

在科研考核方面，主要包含了多方面内容。一是科研论文，目前一般普通高等教育本科学校，主要的科研论文考核指标的文科类是 CSSCI 以上的发文情况，而理科类则主要是针对 CSCD 以上论文发文情况。科研论文的发表情况，直接关系到教师的绩效管理和职称的升迁。一般对于工科理科医学类，发表 EI、SCI 等高层次级别的学术论文，就有可能获得更高层次的奖励，而文科类发表 SSCI、新华文摘、人大报刊全文转载等也可获得更大的奖励；二是科研项目，目前高校教师考核将科研项目考核列为重中之重，尤其是对于国家级别的科研项目，如国家社科基金重大招标课题等，都会获得额外的奖励，一般高校都会要求教师获得科研项目立项，如未达到要求就会视为考核不合格；三是高级别学术会议，目前对于高校教师参加高级别的学术会议也是一种至高无上的荣耀，对于高校教师来说，也可以获得更大的奖励，一般高手不会将高级别的学术会议列入考核目标当中来，但

① 高桂娟，易凤霞．高校教师绩效评价要关照高校教师的特殊性［J］．国家教育行政学院学报，2006（10）：61
—66.

② 胡怜．何谓高校教师绩效——兼论高校教师绩效评价必须处理好的几个关系［J］．国家教育行政学院学报，2010（2）：51—55.

③ 李军兰，刘文．教师主观幸福感与工作绩效关系探讨［J］．教学与管理，2013（8）：37—39.

是如果有高校教师参加到高级别的学术会议，就会给考核加分，成为提拔晋升的依据；四是专著，高校教师另一个身份就是学者，承担的科研任务和地方经济社会发展的贡献任务，一般高校会要求高校教师拥有专著或者科研论文。对于高级别出版社的专著，一般都会给予额外的考核加分。

2. 考核周期

对于教学教育质量的考核，一般的考核周期都是一个学期。一个学期结束，学生对授课教师的教育教学质量进行整体的评价，从而作为考核的主要依据。另外在学校的范围之内，学生有没有对指导教师进行投诉？有没有发生教学事故事件？这些都是可以作为考核的依据的。

对于科研项目质量的考核，一般是一年一个周期，考核主要是年底组织考核，将高校教师在一年之内发表的论文数量、获得的科研项目，以及参加的国际学术会议数量和出版的专著数量加以汇总进行考核。

3. 考核方法

（1）要素评定法。要素评分法是一种较为普及的绩效考核标准确立的定量方法，这种评估方式不是针对所有职位的所有要素进行评估，而是针对部分对于企业目标有着较为重要的意义的抽象成各种要素，将岗位的工作职责和这些要素标准进行比较。同时根据每个岗位的特征以及其他特殊情况，在确定了这些要素之后，被赋予不同的权重，将每个要素划分成不同的等级，根据岗位的不同，要素的等级划分不同，最后将该岗位的要素等级与得分相加得出结果。

要素评价法的具体步骤主要是成立评估小组；确立评估标准，对评估要素进行分析赋予其一样的权重，然后对等级进行划分和分析，给予不同等级不同的标准。相邻等级之间的界限需要明显清楚，并为若干个等级确定分值；然后根据所确立的要素和要素等级对岗位进行评分，同时为了节省成本和时间等，可以选择评估一些具有代表性的岗位，同时，也能够利用这些岗位的评估结果来验证岗位价值评价指标体系的科学性与合理性。

（2）目标管理法。目标管理法是一种较为综合的绩效管理方法，该方法以结果为向导，领导者下属应当共同商议决定整体目标的确立，再根据工作职责确定各部门及个人的分目标，并以此衡量部门和个人的工作业绩与贡献的标准。

目标管理应遵循以下准则：目标的评价应当多元化，而非单一目标针对不同职能的部门和人员进行管理，各部门和员工都需要被规定目标。如果一项工作没有特定的目标，部门及其人员难以朝向一方面进行工作，容易引发责任推脱等情况；目标管理的对象企业中的全体人员，包括管理者与被管理者，全体人员共向目标进行努力；目标和考核标准需要一致，实施绩效考核需要根据目标来设立绩效计划，根据目标的完成情况来决定薪酬奖惩和职位调整；强调发挥所有人员的主动积极性和创造能力。争取所有人积极参与并讨论目标的制定与实施方案的确立。员工需要被允许参与目标的制定过程，通过这种方式可以满足员工"自我成就"的需求；所有分目标都不可以离开企业总目标自己完成自己的目标。

同时，各个部门需要对企业的整体战略目标有所理解，不能片面地完成各自部门单独的目标而不注重合作互动，企业的总目标需要结合企业的实际情况，是各部门及其人员平衡各自目标的结果。

目标管理法一般有三个步骤，包括：制定目标，其间包括全体员工对目标的讨论，提出自己的想法，并参与对自己职位的目标的设定，制定目标的依据可以由大家提供，对目标进行分类和划分等级可由员工提供意见，领导者进行决策，并坚持 SMART 原则；然后实施目标，每个岗位的人员根据自己的分目标进行努力，部门团队根据分任务进行通力合作；然后进行信息反馈处理，针对分任务的完成情况进行汇总，相关部门检查目标实施的结果并对不同的完成情况薪酬奖惩和职位调整。

（3）360 度考核法。又被称全方位考核法、全面评价法，这个方法是从多角度、全面进行的较为普遍的绩效考核方法，通过不同的群体对被考核者进行较为精准的考核，最后来全方位地评估被考核者的工作行为及工作表现，并进行反馈改进，其一般步骤为：确定使用范围—设计考核问卷—确定实施主体—利用结果反馈。360 度反馈评价的主要目的，应当是促进每个员工的成长发展，进一步促进企业的发展，而不是为了考核而考核，目的只是单纯为了薪酬的分配。实践证明，当 360 度考核法被应用于不同目的的考核的时候，同一考核者会出现对同一考核对象的评价不一样的情况；同样地，相同的考核对象对于相同的考核结果也会有不一样的反应。而当 360 度考核法用于促进员工的个人发展与能力培养上时，考核者所做出的评估较先前会更为客观公正，同时被考核者也更情愿接受考核的成绩。若 360 度考核法主要应用于行政管理，目的在于员工的提升或者薪酬确定等的时候，考核者会更多地考虑到自身的利益得失，相对来说再做出评价就像之前一般难以客观公正；同时考核对象也会怀疑考核主题是否掺杂了个人情感或者经济利益关系。通过 360 度考核法，被考核者可以获得多种角度的反馈，从而了解到自身的不足与发展需求，并加以改进，有助于员工的个人发展，但工作量大，容易形成非正式组织而影响考核的公平和公正。

二、高校教师绩效管理体系存在的问题

（一）高校教师绩效管理案例分析——以华中地区 H 大学为例

H 大学作为坐落于华中地区的重点综合性大学，具有完备的教学科研支撑体系、综合性的学科体系以及配套完善的教育公共服务设施。H 大学包括 10 大学科门类、6 大学部、34 个学院（系）。

截止到 2021 年 1 月，官方公布 H 大学拥有 3,771 个专任教师，其中包括教授 1,300 余人，副教授 1,400 余人，做出突出贡献的院士与科学家 122 人，以及国家级与教育部相关计划入选者 276 人。同时，H 大学拥有 29,292 个全日制本科生，26,929 个全日制研究生以及 2,000 余个外国留学生。教师在高校人力资源中占据着最大的比例，其素质水平直接决定了学校办学水平和就业质量。因此，在此主要以教师作为主体进行教师绩

效管理研究。

问卷以邮件形式发送给 H 大学教师，匿名形式填写，线上集中回收。发放共 300 份，收回 262 份，回收率为 87.3%；有效问卷 240 份，问卷有效率为 92.7%。

总的来说，访谈者提出的问题与建议也主要集中在薪酬、晋升发展、绩效考核与评价等方面，提出的建议基本合理。考虑到有些建议不合理且难以实现，比如"界定平衡好行政岗、教学岗、科研岗的关系与薪酬"，在表格中已将此类问题和建议筛选删除。

通过访谈分析，得出结论：调查者认为 H 大学的绩效计划、绩效考核、绩效激励还存在着一些问题，这也为绩效管理优化提出了有效建议。

长期以来，在营利组织当中开展绩效评价，是一个备受争议的课题。我国高校自从新世纪以来，逐渐意识到绩效管理的重要性，也逐步建立并完善了绩效管理的体系。尤其是对于高等学校教师考评方面，一方面立足于高等学校教师公益性的特质；另一方面立足于高等学校教师的社会地位和工作特殊性，对高校教师的绩效管理，做了大量的工作。

（二）高校教师人力资源绩效管理问题分析

1. 错把绩效当成绩效管理

当前不少高校把绩效当成绩效管理的现象比较普遍。实际上，绩效管理是一种以结果为导向的考核系统，而绩效只是绩效管理当中的一个部分或者环节。绩效与绩效管理具有本质的区别。绩效只是在某一个时间节点所反映出来的员工的工作评价，而绩效管理是一个动态完整的管理过程，强调从组织目标出发，强调事先的沟通和事后的反馈，强调信息沟通，强调未来绩效的提升，这对组织显得更有意义。

绩效不能缺少绩效管理环节，但绩效管理不能替代绩效。同时，随着管理理念向人本管理、系统管理、制度管理的转变，高校团队工作形式和雇佣关系的变化增加了绩效管理的复杂性，传统的缺乏灵活性的绩效管理模式必须适时地根据高校内外部环境的变化对原有管理模式加以全面调整和充实，使高校面向过去的单纯的绩效管理向着面向未来的全方位的绩效管理转变。

2. 绩效管理制度不科学

目前，高校教师绩效管理体系不科学，考核方法单一，较为机械化和简单化，在某种程度上能避免人为因素，但高校教师从事的教学、科研与社会服务是需要不断探索与创新的复杂性劳动，具有难以计量性，不能一味追求数量，高校教师的绩效管理应具有全面性、复杂性和模糊性。过分量化考核导致学术浮躁和学术垃圾的出现，这样的考核指挥棒易使学术研究偏离正确导向。

3. 绩效管理系统不完善

高校教师绩效管理系统缺乏岗位分析、绩效沟通、绩效改进等环节。我国高校还很少有大学做过系统的岗位分析。不做岗位分析，岗位职责就界定不清，绩效管理就没有一个科学的标准依据。而且，管理过程中忽略了沟通环节，缺乏教师的参与，教师往往只是被动接受上级的考核，不能对绩效问题深入剖析以改进工作。在考核结果的使用上，大多停留在与薪酬结构挂钩阶段，对教师的激励手段单一，自觉或不自觉地把对教师的评价考核当成一种对教师的测量和鉴定或者当成对教师的管理手段，几乎没有绩效改进方案，缺乏对教师个体发展的指导和足够的人文关怀。

三、高校教师绩效管理问题成因分析

（一）指标设置不合理

在大部分高校的绩效管理中，指标设置主要偏重于科研指标，对于教学指标设置相对较少，而高校教师首先最起码的功能就是教书育人，如果对高校教师的教学功能的指标设置分值较少的话，那么就不会利于引导教师改善教学方法，在教学上肯下功夫，反而将大多数的时间和精力花在科研上，就会使得教学效率下降，不利于我国教育事业的长久发展。

另外指标的设置上面，缺乏对学生维度和教师自身发展维度的设置。高校最主要的群体应该是学生，学生是高等学校的最主要的群体，高校主要承担着教学的功能，有义务把学生教好，如果学生对高校教师的评价不满意，那么说明高校的教师态度和教学方法以及教学内容需要改进，如果学生屡次投诉老师，那么说明老师的教学方法存在问题。这有利于高校教师不断改进教学方法，促进教学的改进，利于高校教学的促进发展。但目前大部分高校在教师考核方面缺乏对学生维度的考核。学校不知道老师对学生的教学成果如何，也不知道学生对老师的评价怎么样，这直接会导致老师忽视学生的心理感受，在教学方面，极大可能只是照本宣科，走走过场，教学的内容和教学的深度很难体现。

还有在指标的设置方面，忽视了教师自己的培育和发展考核。如果一个刚毕业的博士毕业生进入高校，科研能力势必会有限，要想达到高校考核的合格线，就必须在科研上狠下功夫。当然这也是大部分高校倒逼新进入的教师加大科研力度研究出成果，但势必会使得青年教师身心俱疲，对教学更可能只是走马观花。青年教师是一个学习的过程，在科研方面还有待沉淀。必须要注重青年教师考核，尤其是注重青年教师考核的培训和学习方面的考核。

（二）考核权重有待改进

考核方面指标设置的具体考核权重还有待改进。考核指标权重大多数体现在科研项目上，科研的考核权重大约占据了整个考核的70%以上。忽视了对教育教学指标权重的设置，这将不利于高校教师的教学设计。

（三）考核不利于学校总体教学科研成本的控制

由于大多数高校教师在进行具体的科研项目的时候，不计成本，这直接造成学校的资产运行率和资产设备率以及净资产报酬率等方面急剧下降。学校首先是一个组织，都有一定的公益性质，但是其运行管理也必须要注重对成本的控制。究其主要原因，是因为目前国家对高等学校十分重视，投入了大量经费，而学校又可以获得科研经费资助奖励，还可以通过收取学费等方法，资金十分充足，导致高等学校并没有将教学科研成本的控制纳入到具体的考核当中来。这直接导致高校的成本膨胀，浪费加大，一方面，学校是教书育人、育人典范之地，如果教师在科研教学方面的浪费较大，会对学生以后的人生成长造成不利的影响；另一方面，学校的成本偏高，也会直接使得学校的运行效率下降，不利于学校的可持续性发展。

（四）考核的运用结果较差

从目前高校的实际情况来说，考核的运用仅仅局限于绩效工资的发放。考核结果完成之后，高校的相关负责人并没有跟具体的考核者进行面对面的沟通与交谈，尤其是对于考核不合格的教师来说，绩效管理的成果如何？教师在教育教学和科研方面存在哪些问题？由于缺乏面对面的沟通，使得高层管理者和高校教师方面缺乏必要的了解。教师不明白管理的考核意图和学校的战略目标，高层管理者也不明白教师在教育教学以及科研方面遇到的困难，这样就不利问题的解决。

考核的结果可以运用在教师的聘用、职务的升迁和职称的评定等各方面。随着国务院和人社部大力推进高等教育人事改革聘用制，高校完全可以将绩效管理的依据作为教师聘用的主要依据，对高校教师的职务升迁，也没有跟绩效管理结果挂钩。绩效管理在人员聘用方面没有起到任何作用。绩效管理结果的运用还可以进一步拓宽。

第二节　高校教师人力资源激励机制与现状

一、高校教师激励机制

（一）激励与机制

1. 激励

西方经济学家以二分法看待激励，即内在激励和外在激励。在组织管理中研究激励问题被称为工作激励，工作激励是组织行为，研究工作激励的目的是希望员工按组织设定的责任去履行职责，员工履职的结果为工作绩效，工作激励被认为决定员工工作绩效的因素之一。在现代汉语中激励是指激发鼓励。

2. 机制

机制原指机器的构造和工作原理。在社会学中的内涵可表述为，在正视事物各个部分的存在的前提下，协调各个部分之间关系以更好地发挥作用的具体运行方式。通过建立适当的体制和制度，可以形成相应的机制。例如计划经济和市场经济是两种不同的体制，在两种经济体制之下，形成了截然不同的经济运行机制。在机制的形成上，制度的作用更加直观。机制的构建是一项复杂的系统工程，各项体制和制度的改革与完善不是孤立的，也不能简单地以"1＋1＝2"来解决，不同层次、不同侧面必须互相呼应、相互补充，这样整合起来才能发挥作用。体制与制度不能完全分离，而应相互交融。制度可以规范体制的运行，体制可以保证制度落实。从功能角度，机制可划分为激励机制、制约机制和保障机制。

3. 激励机制

激励机制是指各种因素相互影响，共同作用，对个人行为或事物产生激励效果的整个体系。高校教师激励机制是指高校各部门相互激励的方式和过程，同时各种因素之间的关系所形成的动力供给了高校教师的教学活动。

激励同激励机制是不可分割、相辅相成的，但两者又存在着一定的区别。激励是对受激励人的行为进行鼓励与引导，从而调动受激励人的积极性和主动性。激励机制是多种激励方式和措施所构成的一套完整的组织体系和长期制度，即多种激励方式和手段构成了激励机制。在一个组织中，激励机制的建立绝不仅仅是增加新的制度，而是新旧制度的整合。对于旧制度中存在的不合理的内容，要通过修改、调整，进一步引入竞争机制，使得组织效率得到大幅度提升。同时，要建立完整的激励措施的组合，从而互相加强，形成配合，最终达成更好的效果[①]。

激励机制发挥作用必须依赖三个基本条件：内部动机、外部压力、目标的吸引力。内部动机是基于个人的精神力量和工作动力，个人价值观。对生活和世界的看法形成了他的精神力量，对达成既定目标的渴望是他的工作动力。只有教师对教育的重要性有了确切的认识，教师在进行教育教学活动时才更容易获得个人成就感，使教育活动成为一种精神食粮，再结合他们的教学能力和热情，激励机制才会有好的实施效果。外部压力是在让教师承担重任时运用合适的方法，促使教师将外部压力转换成内部动力。目标的吸引力是指学校设定的集体目标，并且使用现金、奖品和其他外部激励激发教师的趋向性，创造一个良好的信息反馈趋势，使得教师的心理思想发生改变，对集体目标产生一种认同感。

合理有效的激励机制应具备如下特点：

一是从物质激励到精神激励。管理人员向员工描述企业的前景，以及通过员工个人努力将会取得的成果及发展前景，使员工对组织产生向心力。员工通过不断的提高自己，更好地为组织的发展贡献自己的力量，最终实现组织目标。通过给予员工奖励，使员工的努力有一定的回报，从而使其保持不断努力的动力；通过提供必需的培训，使员工不断提高自身的能力；通过授予员工参与组织管理的一定权力，让员工承担相对完整的职责，能够使员工产生主人翁意识及归属感；这些激励措施从物质激励到精神激励，不仅能够使员工更好地工作，更能为组织做出贡献。

二是从组织激励到自我激励。人才本身往往具有自我激励的能力，他们在工作中具有一定的自主性，同时希望自身的能力能得到一定的体现，从而得到认可，也能够使得自身的工作更有意义。管理者要利用人才的自我激励的特点，充分挖掘人才的价值，在组织进

---

① 凌红蕾. 建立和完善我国高校教师激励机制的研究［D］. 西安：西北大学，2014：26.

行激励的基础上，引导员工进行自我激励，实现激发人才潜力的目的。

三是从注重形式到注重结果。无论采用何种激励方式，都必须以结果为导向。注重激励形式能够启发员工的积极性，但以结果为导向的激励不仅能够准确地激发出员工的积极性，对其创造性、主动性都有着重要的作用。用激励的结果来指导激励的方式，最终使组织目标能够更好地完成。

四是从事后激励到主动激励。目前一般的激励方式往往是在员工取得成绩后组织对其进行奖励。但事实上，主动的激励方式更有利于员工的工作，如果能够先一步激励员工，这样可能会激励员工有更好的表现。

由此，可以认为教师激励机制也具有市场经济的特质，像一个复杂的机器，通过系统化的激励体系来协调各种知识活动，将人与群体的知识活动联系在一起，促进教学工作有序地展开。

（二）不同学术领域对激励与激励机制的定义

1. 经济学范畴的激励与激励机制

在经济学中，激励是指利用外部诱因使人的积极性和创造性受到调动与激发。这时外部刺激内化为个人的自觉行动，使人完成目标的行为处于高度的受鼓舞状态，从而最大限度地发挥人的潜力（智力和体力）。一般认为，按时计酬的职工仅需发挥20%～30%的能力即可不被解雇；如果受到充分激励，则职工的能力可以发挥80%～90%。人的工作效率取决于他的能力和激励水平（即积极性的高低）[①]。在新制度经济学领域，激励是指充分调动主体的积极性，使其行为的收益或收益预期与其活动的数量和质量，或者说与其努力程度一致。

激励与约束是相对的，激励对主体来说，是一种诱致性、吸引性的力，调动其某方面的积极性，鼓励他做什么或做得更多更好。而约束却是一种逆向的、限制性的力，是抑制其某方面的积极性，阻止或限制他做什么，或者使之不要做过头。所以，有些人也认为约束是一种反面的激励，即负激励。

当人的某种需要产生时，心理上就会产生一种不安或紧张状态，从而造成一种内在驱动力，驱使人的行动指向目标；当目标达到后，需要即得到满足，激励状态解除，随后又会产生新的需要。这个过程就是激励过程。新制度经济学认为，纵向合约关系存在委托—代理关系时，委托人就会面对与自己的目标函数不一致的代理人，此时委托人为了实现自身的目标函数就需要对代理人进行激励[②]。激励被认为是制度的功能之一，即提倡、鼓励人们做什么，做到什么程度。制度不仅取决于个体行动，还能约束和塑造个体行动。所以制度的有效性决定着个人选择的有效性，从而决定绩效。现存的制度提供的激励和机遇将

---

① 刘树成. 现代经济词典 [M]. 南京：凤凰出版社；江苏人民出版社，2005，477.
② [法]让－雅克·拉丰，大卫·马赫蒂摩. 激励理论：委托——代理模型 [M]. 北京：中国人民大学出版社，2001.

有利于现存组织，并创造新的组织。而这些组织反过来又会保全制度框架的演变，甚至试图改变原有的制度框架。最终的反馈机制将起着决定性的作用。

激励机制如图 4-1 所示。组织为了实现自身的目标，首先要激发员工的积极性，在至少假定员工为经济人的前提下，进行制度设计，提供持续稳定的外部刺激，使个人明确行动方案以及对未来的收益形成确定预期，促使个人做出对组织有利的行为选择，并接受组织绩效评价，根据绩效情况，组织对员工进行奖惩。整个过程都围绕着信息的形成、传递和识别。

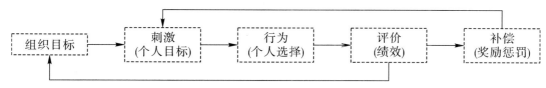

图 4-1　新制度经济学激励机制

这种在满足个人利益同时实现组织目标的过程被视为激励相容（Incentive Compan），也被称为激励的协调性。激励相容是指由于委托人无法观测到代理人的行动和自然状态，在信息不对称的情况下，代理人总是选择能使自己的预期效用最大化的行动。委托人如果希望代理人按委托人的需要采取行动，只能通过满足代理人的利益来实现。这是激励机制设计理论的基石，委托人设计的实现集体目标的机制，都要进行协调刺激，否则就很难实现预期的目标[①]。

2. 管理学范畴内的激励与激励机制

激励是现代企业管理研究的核心内容，是提高生产力的手段。

（1）激励的内涵。在管理学领域，对于激励的内涵并没有一致性的界定。将激励用于管理学，则是指调动人的积极性问题。激励就是人力资源管理部门将员工的动机有效地引向目标，促使人力资本或人力资源与物质资本等更好地结合，留住员工，激发其创造性。因此有效的激励手段必须符合人的心理与活动的客观规律，否则就达不到调动人的积极性的目的。依据这个定义，可以将激励过程表示如图 4-2 所示的心理过程，即人为了满足某种需要，而产生相应的行为动机，采取具体行为达成某一目标[②]。

需要 ➡ 动机 ➡ 行为 ➡ 目标

图 4-2　管理学激励的内涵

（2）激励的特征。第一，激励有方向性，这种积极的方向性表现为主观上为了个人利益，客观上对集体（企业和国家）利益有利；第二，激励有选择性，由于被激励个体间的差异，在激励时选择的激励事物就会有所不同；第三，激励有时效性，要保持激励效果的持久性，则需要不断采取新的激励措施；第四，激励具有复杂性和能动性，由于绩效＝能力×积极性，而个体的能力和努力程度不是核准的，并且对其进行数据核算也是一件很复

①　杨春学. 当代西方经济学新词典［M］. 长春：吉林人民出版社，2001：146.
②　俞文钊. 现代激励理论与应用［M］. 大连：东北财经大学出版社 .2015.

杂的事情。

（3）激励机制。人的行为的激励过程如图 4-3 所示，实际上是使刺激变量引起个体变量（需要和动机）产生持续兴奋，从而引起积极反应实现目标[①]。而当目标实现后，形成正反馈强化了刺激和反应的过程往复进行。这个过程也可以被认为是激励机制。

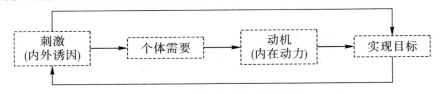

图 4-3　人的行为的激励过程

（4）激励系统。激励要素与激励机制被看作激励系统，是由相互关联和作用的激励要素构成的一个整体，如图 4-4 所示，包括时间维度（激励过程）、空间维度（激励层次）和逻辑维度（激励因素）[②]。

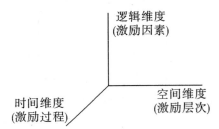

图 4-4　管理学激励的行为模式

虽然经济学和管理学认为激励与激励机制的来源、过程和最终结果不同，但是两者在以下三个方面有共同点：一是激励员工的根本目的都是为了实现组织目标；二是激励都是中介变量，是员工个人利益与组织利益实现的连接手段，手段的本质是制度，也就是激励机制；三是都关注有效性，如激励机制的效率或激励的绩效。

（三）激励机制系统

激励机制系统是由一组相互依赖、相互作用、相互转化的客观事物组成，包含四大系统，分别是动力系统，诱导系统、绩效系统和控制系统。组成部分之间是通过物质、能量、信息和人员等的流动，使得系统的目标和功能得以体现，其追求的目标是总体动力最大化。

1. 动力系统

动力系统是激励机制系统的基础，动力是一种促进事物运动和发展的力量，具有调适的作用，即通过调整发展的规模、速度和节奏，协调各方的价值取向和利益分配，使事物按照客观规律和现实要求发展[③]。缺乏动力激励将会失败，难以发挥效果，因此对高校教

---

① 俞文钊. 现代激励理论与应用 ［M］. 大连：东北财经大学出版社. 2015.

② 俞文钊. 现代激励理论与应用 ［M］. 大连：东北财经大学出版社. 2015.

③ 孙彤. 组织行为学 ［M］. 北京：高等教育出版社，2000：300-301.

师激励机制进行研究，必须在以下四个方面加以考虑，首先必须明确质量、结构、规模和效益之间的关系；其次是协调好高校教师、管理人员、教辅人员、后勤人员等各个群体的价值观念和利益分配；再者要考虑当前状况，从结构、功能、运行和控制等方面建立激励机制；最后是系统的运行效果必须是积极、稳定、可持续发展的。

从不同的角度我们可以把动力的类型分为以下几类：根据产生动力的不同原因，可以分为内生动力和外生动力；根据动力影响事物运行的程度划分，分为主导动力和辅助动力；根据动力的自身属性划分，有物质动力和精神动力两种。高校教师激励机制动力系统的根本动力来源是物质动力和精神动力，它们之间具有交叉性，相互作用，物质动力是促使教师回归学校发展目标的主要动力之一，是最基本的动力来源。精神动力是指信仰、情感交流、人道主义关怀等，它不仅弥补了物质激励的不足，而且本身也具有巨大的力量，在某些情况下它可能成为一种决定性的力量。

2. 诱导系统

诱导系统是指在一定的时间内按照一定的目标或期望，通过精神、物质、文化、制度等因素对教师进行影响，引导教师自觉去实现学校所设定的集体目标的一种组合机制。激发动机的内部条件主要是需要和欲望，但是强动机和弱动机、长时间运行动机和短时间运行动机是受到内部、外部条件以及各种因素的综合影响，因此研究高校教师激励机制必须要研究其诱导系统，综合考虑各种有诱导作用的因素，以此来强化教师的工作动机。

3. 绩效系统

绩效从不同的学科考量定义各不相同，管理学将绩效定义为组织目标和个人目标的完成度，分为个人绩效和组织绩效两部分；经济学对绩效的解释为绩效和薪酬是员工和组织之间的对等承诺；从社会学的角度来看绩效是指社会中的每一个成员根据自己的职业和身份，履行相应的责任。综上所述在此所研究的教师绩效应具有以下特征：第一，其产出对个人和组织都有价值；第二，教师的社会角色决定了教师必须承担培养人才的责任；第三，教师与高校在绩效和薪酬方面的承诺是对等的。教师绩效管理体系包括一个全面的绩效管理过程，强调事先沟通和承诺、信息交流和绩效改进，为了加强教师绩效管理，必须考量教师在教学、科研、社会服务和自我发展等各方面的绩效。

4. 控制系统

控制系统通常由控制主体、受控客体以及控制媒介三种因素组成，它们构成了一个整体，在特定的环境中具有控制效果。高校作为一个组织通常会存在两种问题：一种是急性问题，直接对学校的日常教学活动产生影响，当急性问题发生通常会对大多数人的利益产生影响，所以它们很容易被发现，进而快速得到解决；另一种是慢性问题，慢性问题一般是组织中存在最多的问题，但是因为慢性问题是逐渐形成的，形成原因复杂多样，所以人们不想承认、自动忽略甚至不愿意去解决这样的问题。由此得知控制系统要真正起作用，更需要关注未被解决的慢性问题，像长跑一样坚持不懈，逐步解决慢性问题，这段时间被称为"激励突破过程"。通过加强教师对这些慢性问题的反应灵敏度，可以使控制系统发挥更好的效果。

(四) 高校教师激励机制模型构建

在查阅文献资料和相关理论的基础上，结合探索性因子分析，初步构建高校教师激励绩效模型，并进行相关的研究假设，其中高校教师激励因素为解释变量，教师绩效为被解释变量，人口统计变量为调节变量。

1. 高校激励因素的维度

激励是为了使高校教师的个体目标与高校的战略目标联系在一起，在进行激励时，首先界定教师群体的特质和实现战略目标所必须的行为和结果，然后以此进行相关的制度设计，以确保高校教师能够最大限度地展示出那些特质、变现出那些行为以及创造出那些结果。基于对高校教师个性特点的分析和各学者对高校教师激励因素的研究成果，并对高校教师激励因素的内在维度进行初步划分，可划分为个体、工作、环境三个层面。

其中个体层面主要是与高校教师群体的个性特点相关，对自我价值的重视和对成就感的追求，众多学者都将成就、价值、精神激励等因素视为重要的激励因素。在工作层面，各学者研究的诸多激励因素可以划分为以下三类，一是工作本身，如工作成就感、工作满意度、工作特性；二是薪酬福利，也就是工作所能带来的物质上的满足；三是职业发展，包括培训需要、个人发展帮助、考核、晋升等与工作相关的人事制度。在环境层面，主要是指教师所处的外部组织环境，如各学者提到的社交、科研环境、工作环境、领导素质等。

假设将教师激励因素划分为五个维度，分别为个人价值、工作本身、薪酬福利、职业发展和组织环境。根据教师的个人特点、工作特性及激励理论的探讨，对这五个维度的内容进一步具体化，其中个人价值包括个人能力、个人兴趣，工作本身就包括工作成就感、工作挑战性、工作自主性，薪酬福利包括薪酬、福利和公平感，职业发展就划分为培训、考核、晋升，组织环境就包括同事关系、学术氛围、工作条件、参与管理。

2. 高校教师绩效的维度

针对当前研究中对关系绩效研究不足的现状，对高校教师绩效采用二维的绩效分类法。关于具体的绩效结构构建，可以从两个角度出发，一是以高校的组织目标为导向；二是以现有的学者相关研究成果为基础。

绩效是组织的使命、核心价值、愿景和战略的重要表现形式，组织战略直接影响着绩效，不同的战略选择和战略目标，其重点关注的绩效结构和绩效目标会大相径庭。在全球化、高等教育大众化、知识市场化的大背景下，大学的发展必须与人类社会的进步紧密相连，在内在逻辑和外在压力的对抗演进中，既要坚持自己的真理和纯学术，也不能回避历史，必须履行服务社会的公共责任[①]。在全球化、高等教育大众化、市场化的背景下，高

---

① 潘懋元. 现代高等教育思想的演变——从 20 世纪到 21 世纪初期 [M]. 广州：广东高等教育出版社，2008 (1).

校职能已经发生了从单一的教学功能，发展为教学、科研，再到现在的教学、科研和社会服务三种目标并重的变化。高校管理者在进行高校绩效管理时，必须以这三种主要的高校职能为导向，绩效目标体系的确定要以高校的战略作为基本依据。

通过对比分析以上学者的绩效维度划分可以发现，其基本上围绕着教学、科研、社会服务这三个高校组织目标来考量，但是少有战略性绩效管理的思维，于是将高校教师的任务绩效划分为教学、科研和社会服务绩效。

在目前的高校教师绩效考核实践中，基本上也都是对教学、科研的定量计算，忽略了对其关系绩效的考察。"作为需要通过言传身教来达成育人目标的指导者，高校教师的敬业奉献精神、对教育事业的责任心及助人合作等方面的行为表现更为重要"[①]。鉴于此，基于绩效的二维分类法，将关系绩效纳入高校教师绩效维度，一来是研究在高校教师群体间，关系绩效能否与任务绩效相分区以及二者的关系；二来是研究影响高校教师关系绩效的激励因素及其影响路径。

综上所述，基于现代高校的大学理念和组织目标的变化和对各学者相关研究成果的分析，这里将高校教师绩效维度划分为教学、科研、社会服务和关系绩效。

3. 高校教师激励绩效模型

以激励理论、绩效理论等理论为基础，并结合各学者现有的研究成果，立足于高校教师的个性特点和工作特点，以高校的战略目标为导向，构建了初步的高校教师激励绩效模型，将激励因素分为五个维度，分别是个人价值、工作本身、薪酬福利、职业发展、组织环境，将教师绩效分为四个维度，分别是教学、科研、社会服务和关系绩效，如图4-5所示。

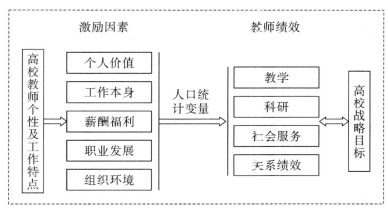

图4-5 初步的高校教师激励绩效模型

---

① 胡坚. 高校教师关系绩效在工作考核中的意义评述 [J]. 高等教育研究，2009（03）：47.

二、高校教师激励的主要措施

(一) 薪酬激励

薪酬激励是最基本的激励方式之一，薪酬激励通过满足个人或群体的物质利益，从而激发受激励者的积极性。经济社会中任何人都不能离开物质需求，物质激励是高校人力资源管理激励中最为基础的激励方式。在高校人力资源管理中，薪酬激励主要表现在工资、津贴以及科研奖励等。

(二) 工作激励

工作本身就具有激励的性质。工作激励是给人以平台，从而使员工有获得成功的机会。对于高级知识分子来说，工作和事业是人生的第一需要，工作激励的本身就能为高校教师提供这样的机会。高校教师的工作激励方式包括不断丰富的工作内容、不断提高的工作挑战，以及工作职务的晋升、工作成绩的取得、工作规划、参与学校的管理等，这些都是工作激励相关的内容。

(三) 竞争激励

竞争在任何组织内都是存在的，对人的行为有着激励的作用，使人的动力始终处于激发的状态。通过组织内部的竞争，能够不断地促进教师的工作。在我国高校，对高校教师普遍实行聘任制，以及高校内所设置的晋升制度都体现着良性的竞争，从而更好地激发出教师的主动性。以激励理论为核心的一系列晋升制度、奖惩制度都是为了通过不断的竞争来为教学和科研提供良好的制度规章，这些都属于竞争激励。

(四) 情感激励

情感激励是个人内在激励的重要内容。要想提高高校教职员工的工作效率，仅用物质激励等外力激励措施是远远不够的，更要注重教师的内在情感。情感是个人的内在动力，这种内在动力能发挥出多少，取决于外界对个人情感的刺激、感化等程度。从个人情感激励切入，通过教师的关心及信任，从而调动教师的积极性以及激发教师的创造性。情感激励中的信任与关怀是重要的内在激励手段，这包括了教师在工作中人际交往、组织的信任与重视以及相应的福利权利。

(五) 目标激励

目标激励是高校人力资源管理中重要的激励措施。目标是教师在工作中为自己预设的结果，目标激励是调动教师工作积极性的外在驱动力。目标激励的功能是通过设置目标来驱动教师不断向目标努力，最终实现个人的目标，同时达到组织目的。目标激励可以指导教师的行为方式，使个人的需求与组织目标高度契合。高校管理的目标是把学校的发展战略及目标与教师个人的发展目标相结合，实现目标激励可以使教师意识到自身的价值及社会责任，使教师能够真正将自身的目标融入到组织目标中。

三、高校教师激励机制存在的问题

(一) 绩效考核体系不完善

绩效系统是激励机制系统的四大系统之一，绩效考核是整个人力资源管理工作的基础，当考核结果不准确时，其后的一系列工作，如薪酬分配、职称评聘等都会失去合理的依据。作为高等教育机构的高校在绩效考核中平均主义现象也十分严重，导致考核结果不能真实地反映教师的绩效，这主要是由于院校在设置考核指标时缺乏合理性且考核的实用性缺失等。

1. 评价指标不合理

评价指标的公正合理性决定了绩效考核的效果，我国高校教师评价指标中主要包括量化指标和非量化指标两部分。一些院校为了体现所谓的"公平"，简化评价标准，过分强调评价指标量化，而对非量化指标的关注度不够，例如评价教师科研能力的量化因素之一是发表论文和申请科研项目的数量，为数不少的高校以此定为最重要甚至唯一的考核指标，这在主观上造成了教师的短视效应，以次充好，甚至论文造假，非量化指标如教学态度、能力、责任感、服务意识、创新意识等较少被关注[①]。

2. 实用性未体现

由于高校招聘对学历的要求越来越严格，新入职的青年教师普遍学历较高，他们思想积极活跃，需求并未稳定；年龄大、职称高的教师普遍追求工作的稳定。这就决定了对不同职称和年龄段的教师进行考核时方式和标准应该有所差别，在这方面很多高校做得并不到位，没有做到分级分类管理。

此外在考核主体方面主要是以院校人事部门为主，较为单一，且人事部门所制定的考核程序和方法不够透明，并未去征询教师的看法和建议，大多数教师对考核指标缺乏清晰的认识和了解。在考核过程中还会出现一些具体措施的短暂性变化，使得教师缺乏准备，导致其考核结果不理想。

(二) 薪酬激励效果不明显

由双因素理论可知薪酬是非常重要的保健因素之一，据激励机制系统之动力系统可知物质激励也是主要的动力来源，但目前我国高校教师激励机制表现出薪资水平不高，缺乏竞争力，内部收入分配不公平的缺陷。

1. 薪资水平缺乏竞争力

高薪聘用优秀人才体现了对人才的尊重和重视，但是尽管近些年我国的经济水平快速发展，人民生活水平显著提高，可高校教师的收入水平只处于社会中等水平。可以说，薪酬水平并不能体现该行业职业劳动的特点，在教师激励方面过分强调教师的奉献精神，忽

---

① 聂小武，蔡明灯．"双一流"战略下高职教师绩效评价体系构建 [J]．上海教育评估研究，2018，7 (05)：19—23.

视了教师的物质需求，没有建立一个激励教师创造高绩效的薪酬体系，从而导致了薪酬激励作用不明显。

大多数高校目前实施结构性薪酬制度，工资由基本工资加课时费和绩效工资组成，寒暑假没课时费只有基本工资，而教师最重要的收入来源是课时津贴。学期中间教师可以通过上更多的课来提高收入，但课时多并不意味着教育质量好，往往有些教师一学期同时上两到三门课，甚至有些专业因为师生比过低，全职教师需要上三到四门课。这样的情况对于经验丰富的教师而言还能勉强应付，可对于大多数青年教师而言这项工作会给他们带来很大压力，不仅是备课的难度，还面临教学过程的熟练度问题，长此以往青年教师因为担忧自己上课质量对学生产生愧疚，容易失去对高校教师这份职业的尊重。

2. "平均主义"根深蒂固

由于传统的平均主义观念仍然普遍存在，我国高校的工资制度几乎始终遵循稳定优先的原则，在工资收入方面体现为属于绩效工资的比例偏低。当教师的收入来源主要是基本工资，且基本工资是由职称、教龄决定时，会导致教师过于关注教龄和职称的提升，而忽略每年是否具有良好的绩效；新的制度出台将会出现一种新的平均主义，一旦以牺牲公平性求得平均主义，最终会造成教师教学动机的弱化。

（三）职称评定体系不科学

教学质量是高校的核心竞争力，教师素质是人才培养质量的重要保证。对高校的研究结果表明师生比较低、结构不合理、教师职业满意度低、人才流动率高的问题普遍存在，究其原因，职称评定体系不科学是其中的一个重要因素。

1. 忽视"双师型"教师的特质

由于职业教育的特殊性，要求教师要跟上行业发展的趋势，因此教学难度增大、教学压力大、名额限制等这些原因加剧了高校教师职称评定的难度。有些高校在进行职称评定时，科研与其他因素比例不合理的现象时有发生，表现出重科研而忽视教学，重理论学习而忽视实践技能学习等现象，以科研为导向阻碍了高校教师专注于提升教学质量。同时职称评定对于学历和科研成果的要求限制了许多专业技术能力非常强，但学历略低教师的发展[①]。"双师型"教师对高等教育的重要性不可忽视，目前高校实施的职称评定标准对教师专业成长的引导和促进作用有待加强。

2. 职称评审终身制的影响

目前高校教师职称评定实行"评聘结合"制度，职称评审的终身制已经成为了阻碍教师队伍结构调整的一个重要因素，岗位门槛也阻碍了部分教师的发展和提升。教师评职成功之后的监管亦不到位，缺乏有效的竞争退出机制，容易造成一些学术能力低下教师的一

---

① 王咏. 高职院校教师职称评审与岗位设置管理工作的衔接研究 [J]. 天津职业院校联合学报，2012，14（12）：44—48.

劳永逸，加大学术不端行为发生的概率①。

（四）培训计划安排不全面

在职培训是提升高校教师各方面素质，激励教师的重要手段。通过对案例学校的调研发现各高校虽然都有各自的教师培训安排，但总体上来说更重视对高学历教师的引进，而相对来说忽视在职教师的继续培训，具体存在以下问题：一是学校组织教师培训的次数有限，问卷调查显示多数教师表示学校每年组织的职业培训次数在三次以下且对自身素养的提升作用不大；二是组织培训的机构不专业，目前绝大多数高校教师培训工作是由学校的人事部门兼职进行，工作状态仅限于完成培训任务，流于形式；三是培训内容和形式相对滞后，高校教师培训内容出现的主要问题是重理论轻实践，以大班授课为主，忽视教师的个性及其所教授专业的特性，不能很好地调动参训教师的积极性；四是考核制度欠缺，一些承担培训任务的高校容易忽视对培训质量的评价，采取形式较简单的评价方式，层次较低。

（五）精神激励方法不丰富

根据美国心理学家赫茨伯格的双因素理论可知：物质激励属于外部激励且是必不可少的，但外部激励只能维持在一定水平，之后便具有"边际效应递减"的效果②。要想真正调动教师内在的积极性还需要进行适当的内在激励才能获得更有效更持久的激励效应，精神激励就是一种内在激励，因为通过精神上的刺激可以使人尽可能地保持兴奋的状态，从而更大程度地开发自己的潜能。高校教师是典型的知识型工作者，是一群具有专业技能和教学能力的高素质人才，他们对于实现自我人生价值有着强烈的期许，非常重视工作成就感的多寡③。他们更在意是否得到他人的尊重、社会地位是否得到提升、个人潜能能否得到发挥，这些都需要精神激励的方式来实现，但是目前我国高校的激励方式相对来说精神激励的方法并不丰富，特别是对于新入职的青年教师来说，由于工作年限和职称的限制，薪酬水平相对而言暂时较低，如果再加上精神激励方式的匮乏，将不可避免地导致其主观能动性差，造成严重的人力资源浪费。

四、高校教师激励机制问题成因分析

造成我国高校教师激励机制存在问题的原因是复杂多样的。从社会层面分析主要为大众观念的偏差和利益分配的摩擦；从高校层面分析主要为管理者认知的限制、有序竞争氛围的缺失和科学制度治理的失效；从教师个体分析主要为自身期待过高和对学校集体目标认同感较低。

---

① 王洪峰 . 高职院校教师考核激励问题研究 [D]. 天津：天津大学，2012.
② 雷婷 . 在高校人事管理中双因素理论的应用 [J]. 人力资源管理，2016（11）：129－130.
③ 温霞 . 工匠精神：高职教师专业发展的时代追求 [J]. 河北大学成人教育学院学报，2017，19（04）：87－91.

（一）高质量的个人生活保障不足

高校教师作为知识工作者的拔尖人才，要更加关注他们对于成长与成就的需求、工作自主性以及柔性关怀。然而，在市场规律作用下，为促进人才发展，提高学校的排名，现阶段的江苏省青年教师拔尖人才计划主要采取"聘任制"为核心的人事管理制度和"指标化"的考核手段，在人才的日常管理过程中，"工具化"管理模式限制了学术工作的自由开展。由于高校教师拔尖人才正处于人生的重要阶段，也是学校发展进步的主力军，不仅面临着教学与科研的双重学术任务，还面临着职称、考核、家庭、生活等方面问题的多重压力，人文关怀与被尊重感的缺失在群体间的影响尤为突出，使他们难以全身心投入到学术活动中来，导致青年教师拔尖人才对于组织的不满意感增加，以消极的态度对待工作要求。

同时，科研环境与薪酬待遇也是青年教师拔尖人才发展的重要需求。青年教师拔尖人才比更为成熟的高层次人才面临更大的职称晋升压力与科研绩效考核压力，迫使他们在选择高校与人才计划时，更加看重工作环境的学术氛围、设备齐全情况、科研团队建设情况对自身发展的支持情况。另外，在市场经济影响下，如果青年教师拔尖人才缺乏政治方向、师德师风、思想道德等方面的培养或教育，也会由于"趋利意识"产生利益至上取向，面对高薪、职称晋升等优惠条件的诱惑，抛弃道德信条，发生学术道德失范行为，使激励机制作用的发挥落入窠臼。

（二）利益分配的摩擦

从整个激励机制系统的角度考量，纵然每个子系统的动机水平很高，但整个系统未协调好仍然会产生阻力，这样的组织系统结构是不科学的。高校的利益分配制度有摩擦是激励机制难以发挥良好效用的原因之一，由于大学体制改革目标不明确，缺乏改革的统筹安排，在渐进式的改革模式下，高校与社会之间、高校与高校之间、高校与院系之间，在目标价值和管理方式等方面存在冲突，不健全的系统导致了激励机制的不平滑运行。高校之间或高校内部不同群体的利益协调难度增加，高校收入分配秩序混乱，最终导致激励效果不明显。

（三）高校学术环境等级化、壁垒化

由于高校学科等级化现象的存在，不同学科体系在组织中具有不同的地位。处强势地位的学科，为了维护本学科体系的既得利益，形成更大的竞争优势从而抑制其他学科的发展和介入，往往采取设置学科壁垒与学术堡垒的形式，利用自身已经形成的学科范式与权力体系在学科内部树立边界来加强控制。这样形成的学科壁垒与"学术带头人"领导下的学术堡垒将高校的学科体系人为分裂、固化，不仅导致了大学知识的零碎分散，也使青年教师拔尖人才所处的学科地位不稳定，降低学术工作开展的公平性，对人才的工作态度产生消极影响。

此外，由于政府对高校财政支持的逐年减少，高校及其教师不得不开始"创收"，寻求市场化手段来保证自身的资金收入，学术权力演变为笼络金钱的工具，人才培养、科学研究、公共服务和文化传承的大学功能逐渐丧失，严重影响了大学的学术水平和学术发展。学术资本主义带来"利益至上"的市场化思想，将日益侵蚀大学的学术自由、精神文化和追求真理的核心使命。

学术资本主义同样导致青年教师拔尖人才对学术追求的功利化。一方面表现在青年教师拔尖人才将教学与科研剥离，放弃了对教学工作的投入和忠诚，只关注可以带来经济收益的科研硬性指标，助长学术不端行为的发生；另一方面表现在对社会发展需要较大、经济收益和短期效益较为明显专业学科的青年教师拔尖人才获得的支持与投入要高于处于基础学科的人才，加剧青年教师拔尖人才对外部环境的不满足。

（四）有序竞争氛围的缺失

目前，许多高校在设置岗位上往往没有真正体现出按需设岗和按岗聘任的原则，真正高效的评聘机制尚未得到具体落实。长期以来的人才流动机制表现出能上不能下的特点、教育的公益性与市场规则的矛盾、人力资本的配置不能完全由市场法则进行调节、人员的合理有序流动和教师资源的共享缺乏有效的机制，导致教师的潜能不能得到充分发挥①。营造竞争和激励的氛围是培养高素质教师的关键，然而因高校管理者教育管理知识的局限性，绩效考核体系的不匹配等原因，现行激励机制的竞争氛围不浓烈，很难调动全体教师的积极性。公平的竞争机制是构建教师激励机制的关键，起到留住人才和吸引人才的作用，教师之间的竞争可以产生激励效果。但如果只强调竞争也不利于教师队伍建设，高效的竞争应该以合作为基础，必须满足以下三个要求：第一诚实守信，教育竞争必须体现在一切教育活动中，对教师来说工作竞争是自我提升和发展的重要手段，教师竞争的一切手段和资源都应以诚实守信为基本原则，这是教师有序竞争的前提。第二应主要体现在专业学术领域，包含教师教学水平与知识水平，设置岗位应根据岗位需求进行公开招聘，选择最佳候选人，形成可上可下的人才流动机制。第三道德品质，教师的师德对学生有很大的影响，教师也代表着学校的形象，这是学校声誉的基础。高校教师激励机制的运行过程缺乏健康有效的竞争氛围，往往在以上三个方面存在偏差，从而导致激励措施运行效果较差。

（五）科学制度治理的失效

在当前高校发展环境尚不完善的情况下，激励机制之动力、诱导、绩效、控制四大系统仍然依赖于人员管理而不是制度管理，这也是高校教师激励机制运行效果不显著的重要原因。高校教师激励机制的运行效果在很大程度上取决于领导的管理能力，领导者看到教师对院校所做的贡献，通过了解教师的个性、性格和需求，制定恰当的激励措施以达到激励的目的。高校领导需要在激励机制的运行过程中行使监督权力、及时纠正教师的不足之

---

① 阮彩霞. 高职教师专业发展激励机制研究［J］. 前沿，2014（Z）；173—174.

处、制定和修改绩效考核标准、确定实施奖励的手段等，但由于人的思维方式、知识背景、成长背景的不同，每个人的管理也会有所不同，决策和管理就会因人的差异而产生不同，带来无序和混乱，如教师激励机制绩效考评环节的暗箱操作和奖励对象的暗中确定等。人治与制度管理应该是协同生效的，制度管理是人治的基础，没有规章制度的约束和监管，激励机制的运行必然是混乱无序的，只有建立科学的制度和评价机制才能更准确地判断教师的绩效，使激励机制更好地发挥效用[①]。

（六）高校教师个人目标不明确

现今随着信息技术的发展和大数据技术的普及，求职者获得信息的途径增多，信息流动的速度加快，在求职时个人能更快地根据自身的需求选择适合自己的岗位，一般而言知识水平越高的人拥有越强的学习能力，信息的获取能力也越强。如果学校的薪酬制度、绩效考核制度、职称评定制度等达不到自己的期望水平就极易产生负面情绪。尤其是对于青年教师而言，在职业生涯的早期阶段，他们可能会给自身设定过高的目标。

高校教师、教辅人员、科研人员个人追求的目标与学校所追求的整体目标相脱节，这主要是因为这些群体个人信念的缺失，缺乏对所任教院校的信任及对院校总体目标的认同感。例如，在高校从事教学工作的教师，他们往往更多地关注于自己所教授学科的前沿知识和学术圈的事情，而造成对学校其他事情认识的不足。而高校教师激励机制的建立、功能的发挥、长久有效地运行需要激励主体与激励客体共同作用，个人目标要与组织目标高度契合，教师或高校组织系统任意一方缺乏认识都会导致教师激励机制在运行上的失控。

---

① 钟建宁，易今科. 浅谈高职院校人才激励机制的构建 [J]. 中国职业技术教育，2005 (32)：23—24.

第五章　高校教师人力资源管理系统设计与构建

第一节　高校教师人力资源管理系统需求分析

一、教师信息管理用户

前期工作应该分为以下三个步骤，首先是理解目标，其次定量研究基本上必不可少的，因为人物角色的目的是建立典型用户模型，因此最终用户模型是否有代表性很大程度上就与前期选取分析的用户数据量有关，后台数据一般都会有一些有关用户人口统计学特征的部分字段，结合网站分析工具也可以对用户在网站上的行为进行了解，即对用户进行细分，针对不同类别的用户分别建立不同的典型用户模型。

PDCA 循环主要包括：分析业务需求、分析用户需求、分解关键因素和归纳设计需求，以此来明确设计策略。

P：Plan，计划。分析业务需求和用户需求，明确设计策略。在系统中，既要分析用户群的特点及他们所带来的明确和隐藏的需求，如目标用户和用户体验目标，同时也要分析他们需要解决的问题的业务功能需求，即业务目的和目标。

D：Do，实施设计。根据设计策略设计计划，设计完整的解决方案和细节。根据不同的用户分析和用户需求分析，业务需求等。

C：Check，检查测试。在完整的设计上，进行走查、测试和验证，并修复问题，进行迭代设计，跟踪用户的反馈。

A：Action，行动继续。总结检查测试之后，修订目标，准备进行下一个计划，以及下一轮 PDCA 循环。

现实设计中，"谁是用户"看上去是一个简单的问题，一般的认知和定义就是"直接与产品交互的人，并期待产品能完成某个任务和需求的人"。从狭义的范围来说，"用户"可以如此定义，但"用户"也不仅仅只是这一类人。

分析清楚"谁是用户"之后，则需要研究这些用户的背景从而了解他们的特点，以及用户的特点知识水平和操作经验等，可能影响到他们对网页信息接受的各个方面的。可以把大量的用户需求划分成几个可管理的部分，这将通过"用户细分"这个步骤来完成。将本系统的用户分成更细致和范围更小的组别，每一组的用户组成都是具有某些共同关键特征的同类使用者。有多少用户类型相对应就会有多少种方式来细分用户群组。

除此以外，建立群还有其他重要的原因。除了因为不同的用户组别对系统有着不同的需求，有时候这些需求很有可能彼此之间是矛盾的。显而易见的是，设计师想要提供一种方案可以同时满足这两组或者更多的用户需求并不是一件容易的事情。这个时候，设计者要么选择针对某单一用户群设计而排除其他用户群，要么为执行相同任务的不同用户群提供不同的方式。不论选择哪一种处理方式，都将会影响日后与用户体验相关的每一个选择。

与系统设计相关的人员都称为"用户""管理直接使用者的人员""接收产品的人员""测试系统的人员"和"做出购买决策的人员"以及"使用竞争产品的人员"。同时又可以把用户分为三大类：主要用户、二级用户、三级用户[①]。

根据以往的资料和经验，以及需要整合的历年的教师信息研究分析，用表格整理出本骨干教师系统的不同级别的用户分类。现有的系统，大多将管理员合并为一类在同一个入口登录，只是在账号上，分为不同类别。本系统将"管理员"入口更加细致分类，按照不同类别分开登录进入系统，是本系统的一个特点。这样设计，首先可以让各级管理员清楚他们所在的位置，登录账号即是各级代码，容易查找且没有额外的记忆负担。同时，在系统后台程序的计算过程，即核对账号和密码的匹配时间将缩短，用户可以更快地获得反馈，见表 5-1。

表 5-1　教师系统中的用户分类

主要用户	二级用户	三级用户
教师	学校管理员 县市管理员 市州管理员 省级管理员	超级管理员 （程序员） 其他公众用户

1. 主要用户当然是最经常使用本系统的群体，他们占总用户的比重最大，且使用频率最高。

2. 二级用户即偶尔使用，或在特定时间和情况才使用本系统的群体。

3. 三级用户，就是购买本系统或者本系统会影响到的部分用户。

二、系统功能需求

（一）功能需求说明

在此研究的系统是某高校信息化管理项目的一部分，将实现教师信息的数据输入输出、数据维护管理、教师绩效考核流程管理、信息查询、统计分析等功能。系统总体需求如图 5-1 所示。

---

① Giles Colborne. 简约至上——交互式设计四策略［M］. 李松峰（译）. 北京：人民邮电出版社，2011.

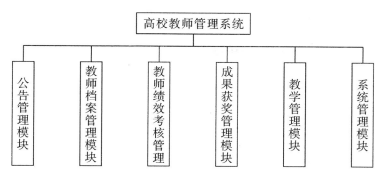

图 5-1　系统总体需求图

具体要求如下：

第一，该高校教师管理系统应基于网络运行，该学校的教务处管理人员等能够准确、实时地了解和掌握教师管理工作的情况。

第二，系统应服从信息标准化建设，整个系统的信息数据的录入要符合教育部门的标准和规范，比如教师信息的录入等。

第三，系统应提供数据共享机制，所有教师信息数据应统一存储和管理，并能和本校其他信息管理系统的数据库兼容和共享，以免造成数据重复建设。

第四，系统的业务应遵循规范的原则，教师管理是一项严谨的工作，每一个环节都应规范化，系统应为用户提供规范的教师管理流程。

第五，系统应提供合理的角色设置，并为每个角色分配好权限，系统的角色众多，包括系统管理员、一般管理员、教师等，不同的角色应严格赋予对应的操作权限，各角色的操作界面严格区分，以免发生误操作。

第六，系统应设计高效率的工作机制，以提高操作的智能程度。系统的数据信息量大，存取动作较为频繁，服务器应能承担多人同时请求和数据操作的要求，保证数据的安全和稳定。

教师管理系统在满足上述要求的同时，需要实现以下具体功能：

信息发布：系统应提供一个信息平台，提供信息发布和交流的功能，让教职员工及时了解本校发布的教育部门文件、本校文件和公告等信息，并能留言，管理人员可以对留言进行回复。

教师档案管理：系统为本高校提供教师档案信息管理功能，包括教师的详细信息录入、修改和删除，并提供信息统计与查询功能。

成果获奖管理：教师可以申报自己的成果获奖信息，比如论文获奖情况，获奖情况在经过教务管理人员审核确认后可以在绩效考核中加分。

教师绩效考核管理：绩效考核是教师管理工作的重要部分，教师工作的成绩由绩效考核管理模块来完成，管理员可以根据学校实际情况来设置绩效考核指标，根据指标来对每个教师进行绩效打分，再统计总成绩，系统提供绩效考核指标和成绩的查询，教师可以登录系统对相关情况进行查看。

教学管理：教学管理是教师日常工作之一，教师登录系统后能对自己所教课程进行课件上传与管理，对所教课程的学生进行成绩的统计和管理。

系统管理：系统管理由系统管理员负责操作，主要进行管理员用户管理、系统设置、数据库维护等操作。用户管理包括用户角色设置和权限分配。

（二）用例图

用例图的实质就是帮助系统用户了解系统功能的一种模型图，根据用例图，能够清晰地认识到不同参与主体的职责权限以及参与主体与系统功能之间的有机联系。客观地看，用例图对于开发设计者来说也是极为必要的，通过可视化的图形，设计者能够更为透彻、更为详细地掌握各种设计素材。另外，用例图有助于系统设计师避免重复性劳动，从而提高其工作效率。基于此，建议开发系统的过程中，重视用例图的功能及作用。在此，系统的用户主要分为教师、一般管理员、系统管理员三类，以下对本系统的用例分析。

1. 教师用例图

教师通过登录本系统能够进行浏览公告及通知、个人密码、绩效考核成绩查询、成果获奖申报、获奖查询、课件管理、学生成绩管理等操作。其用例图如图 5-2 所示。

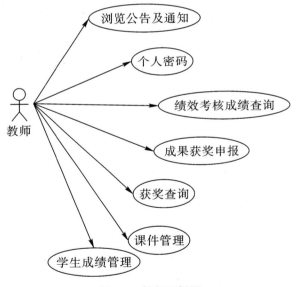

图 5-2　教师用例图

2. 一般管理员用例图

一般管理员由学校教务部门工作人员担任，不同的管理员具有不同的权限，通常能够进行公告管理、教师信息管理、教师获奖审批、教师绩效考核管理、教师考核成绩统计管理等权限，其用例图如图 5-3 所示。

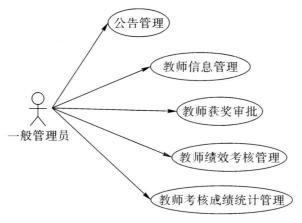

图 5-3 一般管理员用例图

3. 系统管理员用例图

系统管理员具有系统最高权限，通常负责系统的总体维护，包括进行管理员用户信息管理、用户角色定义和权限分配、系统参数设置、数据库管理、其他管理（具有一般管理员所有操作权限），其用例图如图 5-4 所示。

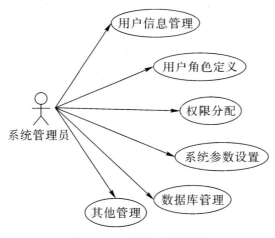

图 5-4 系统管理用例图

（三）数据流程分析

不可否认，系统所对应的处理对象往往是数据，而数据又离不开数据流图。借助于数据流图，能够使设计者更为详细透彻地了解系统结构。教师管理系统第一层数据流程图，如图 5-5 所示。

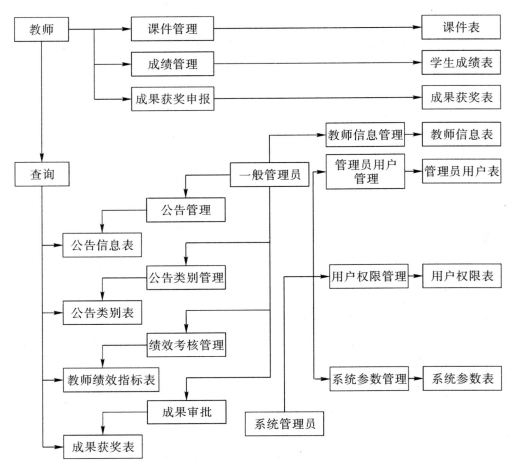

图 5-5 教师管理系统第一层数据流程图

公告管理的第二层数据流程图，如图 5-6 所示。

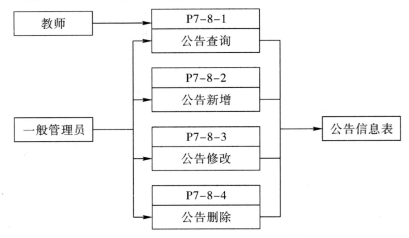

图 5-6 公告管理第二层数据流程图

公告管理处理过程说明：

P7-8-1：公告查询。教师能够进行公告查询，还可以结合实际需求，选择不同公告类型，便于及时查看相关公告内容。

P7-8-2：公告新增。系统管理员可以在相应的编辑栏中添加公告信息。

P7-8-3：公告修改。系统管理员可以在修改编辑栏中，进行公告信息修改，之后将更新后的数据进行保存。

P7-8-4：公告删除。系统管理员可以根据具体需求，删除公告中对应的信息。

教师信息管理第二层数据流程图，如图 5-7 所示。

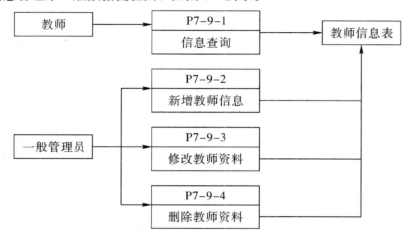

图 5-7　教师信息管理第二层数据流程图

教师信息管理处理过程说明：

P7-9-1：信息查询。教师通过登录系统页面进行信息查询操作，可以查询到本人的详细资料，包括用户名、所属院系、专业、联系方式等。

P7-9-2：新增教师信息。系统管理员在教师信息处理界面添加教师相关信息，之后将其进行保存。

P7-9-3：修改教师资料。系统管理员在教师信息处理界面修改教师相关信息，之后将其进行保存。

P7-9-4：删除教师资料。系统管理员在教师信息处理界面删除教师相关信息，之后将其进行保存。

绩效考核管理第二层数据流程图，如图 5-8 所示．

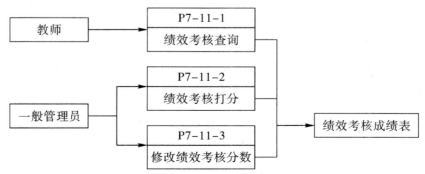

图 5-8　绩效考核管理第二层数据流程图

绩效考核管理处理过程说明：

P7-11-1：绩效考核查询。教师可以对绩效考核成绩进行查询，输入教师工号，就能查询到该教师绩效考核的详细情况。

P7-11-2：绩效考核打分。一般管理员在绩效考核管理界面中对某教师进行绩效考核打分，分数保存到绩效考核成绩表中。

P7-11-3：绩效考核修改。一般管理员对教师绩效考核分数进行修改，先从教师绩效考核成绩表获取要修改记录的用户 id，通过传递参数 id，打开绩效考核打分的修改窗口进行修改，然后再把修改后的数据保存到绩效考核表中。

三、系统性能需求

教师管理系统是依托互联网，结合多媒体等多种技术而实现的一种便于用户操作与管理的综合性系统。除了要对系统可行性进行分析之外，还需要对其非功能需求加以探讨。

第一，及时性和准确性。对于系统而言，响应时间越短，实时性就越强；响应时间越长，实时性就越差。为尽可能提高工作效率、满足用户需求，设计人员在进行系统开发的时候，要综合考虑多种因素，结合系统所可能承担的工作任务来进行系统设计，同时辅助较高配置的服务器。当然，必须清楚地认识到，并非配置越高，系统性能就越好，应当同时兼顾经济成本与系统性能。最后，除了要求及时、快速之外，还应当确保数据信息的准确。

第二，扩展性和开放性。系统用户对于系统功能的需求并非一成不变的，实践中，可能会随着用户业务的不断扩大，对系统提出新的要求，新功能添加便成为系统所面临的主要问题。换句话说，用户业务功能需求的不断增加，要求系统具有良好的扩展性。

第三，安全性和稳定性。不可否认，本系统是基于网络而开发并设计的，安全性就应当成为设计者所必须考虑的关键问题。由于系统内部存有大量客户资料，一旦被恶意破坏，后果不堪设想。因此，在设计系统过程中，要关注代码编写的严谨性，与此同时，还应当为系统设置数据备份、数据还原等功能。从另一角度上分析，确保数据安全也是为了实现数据的稳定，使其尽可能不被他人篡改。

第四，易操作性和易管理性。如前文所述，系统的使用主体主要是教师、系统管理员。在系统建设过程中，应当充分考虑教师需求以及特征，尽可能为其提供更为简洁易懂的界面，另外，还应当分别设置错误提示信息、帮助信息等，从而便于教师用户进行系统访问。当然，在任何时候都不能否认系统管理员的作用，系统管理员的工作职责主要在于进行系统维护、系统权限配置、后台管理、系统信息更新以及负责其他用户的账户管理等，以此确保系统能够顺利运行。

第二节　高校教师人力资源管理系统设计

从软件工程的设计思想着眼，软件系统的设计包括两部分的内容，即概要设计、具体设计。前者涵盖了系统架构、功能模块、接口设计和数据库设计四部分。下面则从概要设计着眼来探索、描述"某民办高校教师管理系统"设计，并依据该系统的架构设计进一步阐述与架构设计有关的模式的具体应用。

一、系统架构设计

该教师管理系统的体系结构具体可如图 5-9 所示。

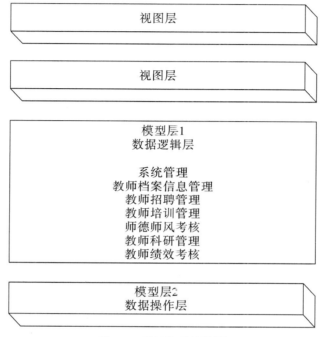

图 5-9　系统体系结构图

由上及下依次对系统的构造做出解释：

1. 视图层

主要通过 ASP. NET 开发工具来实现，通过该模式可以设计相关用户操作界面。视图层主要功能是负责该系统的四类用户人员，包括人事处人员、教务处人员、科研处人员和普通教师的交流互动，对用户请求进行接收且转发，控制层负责信息处理及结果反馈。

2. 控制层

本层不负责实现具体的业务逻辑功能。主要起到一个承上启下的效果。详细阐述即对上层请求进行接收，对其加以转换，再向下一层移交请求，下一层将请求处理好之后对结果进行反馈。

3. 模型层 1

即业务逻辑层，该层几乎实现了系统全部功能，涵盖对系统、教师招聘、档案信息、培训、科研、绩效及师德师风考核等七个部分的管理，该层是系统功能的核心部分。

4. 模型层 2

即数据操作层,该层操作的对象是 SQL Server 2012 数据库表或视图,功能操作涵盖了查询、修改、增加、删除数据等。

二、系统用例

系统总体用例图如图 5-10 所示。

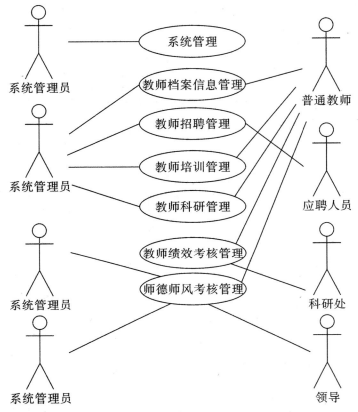

图 5-10　系统总体用例图

从图 5-10 可知,系统管理员只涉及到系统管理模块的业务,教务处、学生和领导分别参与了师德师风考核管理业务,人事处的职责是对教职人员的招聘、档案、绩效等进行管理,普通教师则参与了除系统管理以外的其他所有业务。

1. 系统管理

系统管理业务由系统管理员负责,它的主要功能是用户的添加、删除和修改,增加和删除角色,给用户分配权限。

2. 教师档案信息管理

在教师档案信息管理业务中,普通教师可以查询自己的信息,人事处除了可以查询教师的信息外,还能够修改、删除教师信息,添加新聘人员信息等。

3. 教师招聘管理

在教师招聘管理业务中，有两个角色，即应聘人员和人事处。人事处主要制订招聘计划、发布招聘信息，并对应聘者提交的简历进行审核，如果审核通过则建立录用教师信息档案，应聘人员根据招聘信息提交简历并等待审核。

4. 教师培训管理

教师培训管理业务的角色也主要是普通教师和人事处。普通教师可根据人事处发布的培训信息进行查看并提出申请培训。除此之外，培训信息由人事处发布，且由其负责审核，审核之后展开汇总。

5. 教师科研管理

普通教师可以把自己一年的科研成果（包括论文、论著和课题等科研项目）按科研处制定的规则上传到系统中，科研处对其进行审核，科研处一般在年末发布科研统计的信息。

6. 教师绩效考核管理

教师绩效考核管理业务主要是为老师提供查询自己一年中自己的培训、师德师风及科研情况。

三、功能模块设计

划分程序，对其独立命名，此外还能够进行独立访问即为模块化，各子模块都有相对应的子功能。此系统包括七个子模块，各子模块能够与用户所明确的需求相契合。由于各个模块是独立存在的，因此，若实现了模块化，便能实现修改、测试、调试系统，不会对其可靠性、完整性、稳定性等产生消极作用。

该系统总体功能如图 5-11 所示。

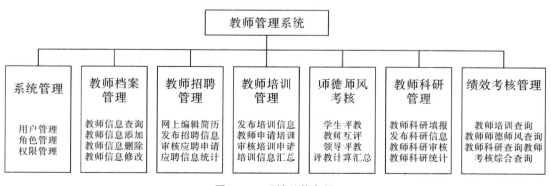

图 5-11 系统总体包图

根据上图 5-11 所示，各模块具体功能描述如下：

系统管理：对于用户（包括人事处人员、教务处人员、科研处人员和普通教师），系统管理员进行注册信息的增加、修改和删除，并对不同用户角色设置不同的权限功能，例如系统管理员拥有访问所有其他功能模块的权限；学校的人事处工作人员有权对教师档案、招聘、培训、绩效考核等多个管理模块进行访问；教务处人员可以查看教师个人档案信息及师德师风的考核管理；科研处人员可以查看教师个人档案信息及科研管理；普通教师主要拥有查询和修改个人档案信息的权限。

教师个人档案管理：普通教师使用自己的工号登录该教师管理系统之后，可以查看自己的个人档案信息，并对自己的个人档案信息进行修改操作。

教师招聘管理：人事处人员使用该教师管理系统，可以发布招聘教师公告信息，当收到相关教师信息时，可以组织面试和试讲，对通过面试和试讲的教师予以聘用，并将新聘用的教师信息录入到教师个人档案管理模块中，方便对教师进行各项培训、考核及管理。

教师培训管理：人事处人员使用该教师管理系统，可以发布教师培训公告信息，各教师可以进入该培训管理模块中，查看培训信息，并进行相关培训的报名工作。人事处人员可以对报名参加培训的教师进行统一的管理。

师德师风考核管理：教务处人员使用该教师管理系统，可以发布学生评教信息，并结合师德师风的考核规则，对各相关教师进行师德师风的考核管理（增加、删除和修改），并将各教师的考核情况提交给人事处相关人员，以便下一步进行教师的绩效考核工作。

科研管理：科研处人员使用该教师管理系统，可以录入并发布各教师的科研情况信息，以便各教师可以查询本人本年度或历年的科研情况信息。科研处人员结合教师档案信息，可以进行教师科研情况的考核，并将考核情况提交至人事处人员，以便开展下一步教师的绩效考核工作。

绩效考核管理：人事处人员可以与教师档案、培训信息、师德师风及科研考核情况等相结合，在该系统中，可以对所有教师本年度的绩效进行考核并保存，以便所有教师进行相关情况的查询。

（一）系统管理模块

对所有的管理信息系统而言，系统管理模块都是必须具备的。设计旨在为使用该系统的各类用户提供用户基本信息管理、对用户规定相应的角色位置及其相对应的权限，让诸多用户可在其权限范围内操作该系统。

"系统管理"指在将系统管理这一功能赋予系统的管理人员；系统管理包依赖于用户管理、权限管理和角色管理三个子包。

（二）教师档案管理模块

在教师管理系统中，教师档案信息管理这一模块是必备的基础性模块，能够将最基本的信息提供给其他子模块。

在教师档案信息管理模块中，人事处人员可以在授权范围内，录入如教师所属院系、姓名、出生日期、职称、备注等教师的基本信息。

教师档案信息管理模块中，普通教师可以在授权范围内，进行个人基本信息的查看与修改操作。

（三）教师招聘管理模块

教师招聘管理模块主要实现学院对应聘者信息的管理和发布招聘公告信息，涵盖了编辑求职人员的简历资料、招聘信息的搜集及发布、发送简历及佐证材料附件、应聘教师库等的创建。教师招聘管理会涉及到诸多复杂的用户对象，然而操作相对简单。

（四）教师培训管理模块

此模块的主要职责是统计教师培训的相关情况，首先由学校的人事部门负责制订培训计划，教职人员从计划着眼来申报，人事处负责对教师申报进行审核，通过后就能够参与培训，结束培训活动之后，将培训报告提交至人事处，由人事处对培训考核的最终结果进行审核。

此模块涵盖了诸多操作。例如，教师培训计划的设计、培训信息的发布、培训信息的搜集整理、培训教师库的创建、培训的记录及汇总评估。

（五）教师科研管理模块

此模块主要对教师的论文著作发表情况、教师参加各项大赛获奖情况、教师课题申报和结题情况等模块进行管理，是后续教师的绩效考核的主要依据信息。

教师科研管理模块，主要涉及科研处所公开的教研信息及对其进行管理。

（六）教师绩效考核模块

教师绩效考核管理模块主要是完成教师的绩效考核。绩效考核是对教师一年工作表现、成绩、科研成果的综合评定，绩效考核的成绩打分是按照考核指标来进行的，考核指标包括工作量、道德表现、工作表现、学生满意度评价等项目。

待各个指标项目打分完毕后，按照相应的权重汇总各个教师的绩效考核最终成绩，按照考核成绩排名将教师评价结果划分成 A、B、C、D 四个等级，分别对应优秀、良好、合格、不合格。教师绩效考核模块的程序流程如图 5-12 所示。用户登录系统后，系统自动判断用户类型，并进入该用户的操作界面。

管理员：首先进行教师绩效考核指标的设置，该指标要在系统公告栏里予以公示，让所有教师了解绩效考核评判标准。在一个学期过后，管理员要对教师进行绩效考核打分，按各个指标来分项打分，若教师有研究成果获奖，则可以进行加分，最后统计教师的总成绩，来评定该教师的绩效考核等级。

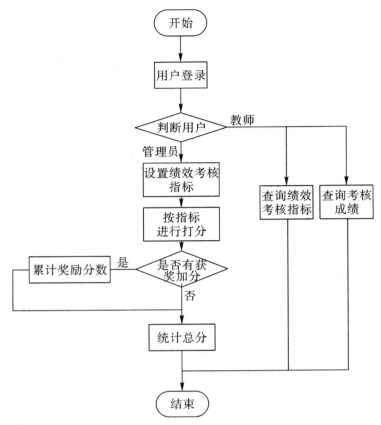

图 5-12 教师绩效考核管理模块程序流程图

四、接口设计

教师管理系统主要是实现对高校教师的档案信息、培训、科研、师德师风、绩效考核等进行统计并加以汇总整理，从而确定奖惩措施等，涵盖了如教师、课程、学生及专业等诸多资料。但是一般而言能够通过学院教务管理系统来得到专业、课程信息，通过学院人事管理系统中得到教师档案信息。所以，对此系统而言，若能将教务、人事两大管理系统的接口建立起来，不同系统的数据交换就能得以有效实现。

系统的外部接口设计流程如图 5-13 所示。

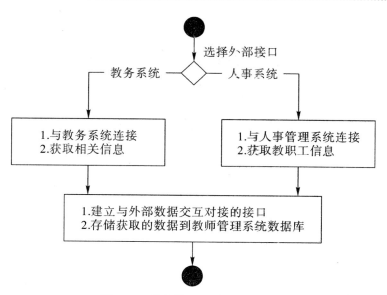

图 5-13　外部接口设计程序流程图

第六章 高校教师人力资源管理与配置的对策

第一节 高校师资队伍建设发展对策

师资队伍建设在应用型本科院校建设中，属于核心工作，对应用型本科院校的建设和发展有着至关重要的作用。在当前的环境下，应用型本科院校不能改变区域环境的劣势，能获得的外部支持不足，难以依靠外部力量建设应用型师资队伍，所以应用型师资队伍建设需要从学校内部发力，激励学校现有师资向应用型转型，采用内部培养的方式建设师资队伍。在此，就我国高校师资队伍建设提出一些对策和建议。

一、加强师资队伍建设规划，完善师资队伍结构

师资队伍的建设对学校的办学及发展有着至关重要的作用。然而学校的师资队伍规模较大，很难对其进行笼统划一的建设管理，故有必要着眼于长远，加强师资队伍建设规划，对师资队伍实施分类建设及管理。

（一）做好师资队伍建设规划

凡事"预则立，不预则废"。师资队伍的建设不能仅考虑当下情况，要着眼于长远，从规划的角度进行师资队伍建设，综合考虑教师的发展以及学校的未来发展。

师资队伍建设规划是将学校的战略发展目标转化为对师资的需求，要求学校的人事管理部门从整体、超前、量化的角度来确定师资队伍建设的目标。学校可以针对已经确定的战略发展目标，进而确定每一步的详细计划。在学校的战略发展规划中，是否有符合学校发展需要的师资队伍支撑学校的发展，是值得考虑的重要因素。所以成功的师资队伍规划有助于增加学校保持良好发展的能力。

应用型本科院校师资队伍建设要根据学校整体转型发展需要，主动适应地方经济社会发展，超前谋划。充分考虑学校内外部的变化，确定学校发展战略与师资队伍建设规划相统一，以促进学校与教师的共同发展为原则来制订师资队伍建设规划。

（二）按师资结构分类管理

根据高校职称评审权下放和破除"身份管理"等制度的精神，为提高师资队伍管理的效率及科学性，学校可以对师资队伍进行分类管理。

首先对学校岗位进行分类，应用型本科院校除了专业技术岗、工勤岗和管理岗的大类

划分，还可以对教师占主体的专业技术岗进行细分，突出应用型特征，对师资队伍类别进行细化。

其次，对教师进行分类。在目前的分类方式中，一般来讲可以按性别、年龄、职称、学历、学科对教师群体进行分类，突出应用型特征，则可以按照转型发展的积极性不同对教师进行分类，还可以根据实践工作时限等对教师进行分类。应用型本科院校应根据自身学校教师队伍的特点，对教师进行分类，并制定相应的引进、聘用、培训、考核制度。

二、创新教师聘用机制，加强师资来源多元化

针对教师总量不足，引才困难的问题，学校应该创新教师引进机制，广泛吸纳人才，加强师资来源多元化；针对人才流失的问题，则启示学校在引进人才后，还要用好人才，增强师资队伍的稳定性。

（一）创新教师引进机制

教师引进工作要服从学校事业发展的总体规划，结合学校发展目标及定位，从现实需要和长远发展来看，有计划地引进人才。

首先，在教师引进和宣传层面，可以通过互联网搭建多元化的人才就业平台，让人才对学校的办学情况具备充分的了解，包括学术研究、专业设置、学科建设等情况。

其次，在人才引进范围的选择上，要着眼于国际国内人才市场，拓展人才引进的范围和视野。从我国现有人才分布区域来看，人才主要集中在经济发达地区。从国际上看，发达国家的人才数量将高于其他国家。因此，高校在考虑开展相关人才引进工作时，可以着眼于国际人才市场，通过制定专业人才引进方案，吸引海外人才。针对不同类型的人才，设置灵活的薪酬分配方式，为人才提供良好的待遇条件。

然后，从引进教师的方式上看，应采取线上线下相结合的引进方式，开展国内外学术交流活动，拓宽引进人才的渠道，改善学校与人才的互动，进而提高人才对学校的认可度。

（二）创新教师聘用机制

在青年教师的聘用上，应充分考虑到青年教师学历提升的需求，以加大扶持力度的实际支持鼓励青年教师攻读博士学位。可以根据学科建设的需求紧急程度，确定不同的扶持政策；保障本校青年教师在取得博士学位后可以享受引进博士同等待遇。引导青年教师把个人发展与学校发展需要结合起来，为稳定人才打基础。

对于兼职教师的聘用，学校要积极挖掘兼职教师资源，选拔高素质的企业技术人员，建立"兼职教师库"[①]。应制定与企业行业工作性质相匹配的兼职教师聘用政策，灵活安排兼职教师的上课时间，提供富有吸引力的条件及待遇，大力吸引企业技术骨干来校兼职任

---

① 宋婷，王彦飞．基于人才培养状态数据平台的高职院校师资队伍个案分析 ［J］．职业技术教育，2015，（20）

教。全面深化校企协作，聘请集团企业专家兼职担任专业带头人和骨干教师，结合当地经济社会发展和需要调整专业课程设置，参与指导专业建设[①]。

三、完善教师培育机制，提升教师专业能力

对教师进行培育，可以促进教师成长。培育工作的成效决定着教师提升的程度，也决定着师资建设的方向。应用型本科院校应该深化与企业的合作，在校企合作中，可以构建行业高校一体化培养体系，以保障教师培育工作的持续开展和教师的提升成长。

（一）建立企业人才与骨干教师相互兼职流动制度

校企合作是培养应用型教师的强大平台。高校要鼓励高校教师在企业兼职，走访企业，了解行业和企业的最新知识，通过参与企业实际运行，真正体验企业的生产环境和生产过程，掌握实用技术，锻炼实践能力。企业可以通过"校企合作"和"教师实践"传播企业知识文化，促进企业文化思想的发展；同时，企业要积极配合学校组织的教师实践活动，促进专业教师理论知识和实践知识的整合与互补。

学校和企业拥有不同的资源和人才，高校要与企业建立管理人员、骨干教师和企业管理者、技术专家的兼职流动制度，促进校企师资资源双向流动，可以为学校和企业的发展带来活力与机遇。企业为教师培训提供条件，学校为企业研发和成果转移提供便利，集合优势资源，互惠互助，于双方有利，还可以更好地发挥二者对地方经济的良性作用。

（二）学校与企业共建教师培养培训基地

应用型本科院校的核心使命是培养应用型人才，这对师资队伍的实践应用能力也提出了要求。提高师资队伍的实践应用能力，可以通过与企业合作共建实践培训基地的方式进行。校企双方可拟定共建培训基地的协议，组织领导协调委员会、组建实践培训监督管理小组、针对合作项目成立项目组。高校可以与大中型企业建设教师培训基地，支持和规范大型企业开展应用型本科教师培训，提高教师实践能力。积极推进中小企业员工与教职工联合培训，鼓励多元化，制定教职工培训方案，实现校企资源共享。

四、健全教师评价制度，打造"双师双能型"师资队伍

高校师资队伍建设的落脚点为"双师双能型"师资队伍建设，要建设"双师双能型"师资队伍，首先需要明确标准，政府、企业和学校都应为标准的制定出力。为加强"双师双能型"师资队伍的建设，还应建立相应的激励机制，激励教师转型，专项津贴是直接的物质激励。由此，针对不同的教师应采取不同的评价管理方式，应建立分层分类的教师评价体系。

（一）建立统一的"双师双能型"教师资格标准

政府应该为应用型本科院校师资队伍建设起推动作用，可以通过出台政策，明确相关

---

① 李云平. 德国高等职业教育体系解析及启示［J］. 科教导刊（上旬刊），2012，（02）.

问题。"双师双能型"师资是应用型本科院校师资建设的重点和关键，但是目前缺乏统一的界定和标准，这就导致学校在实际建设中，因为认识不一而难以聚力。政府作为主管领导部门，有能力也有义务为学校提供支持。首要的便是制定完善相关的政策规定，使学校在建设中"有据可依"。

企业作为经济主体，无论是对于行业还是地方，都应该有所担当。在校企合作过程中，企业的作用也很重要。可以依托自身的资源与条件，联合政府及高校，制定"双师双能型"教师资格标准，促进高校教师与企业专家的"双师双能型"资格认定，促进人才的流通，不仅于高校有利，也可以给企业带来活力与机遇。

学校应该根据上级关于"双师双能型"教师的规定，结合本校教师的实际，制定本校"双师双能型"教师资格标准，鼓励支持和引导本校教师向应用型转型。在应用型本科院校中，要充分重视教师的工作实践经历。每个学校甚至不同的学科都可以对教师的工作实践时限、技能水平等做出不同的要求，但均应出台相关的标准，以指导师资队伍建设的实践。

（二）设置"双师双能型"教师专项津贴

在师资队伍的管理工作中，激励的作用十分重要，它可以调动教师的积极性与创造性。激励分为物质激励与精神激励，最为直接的便是物质激励。应用型本科院校要实现转型发展，需要调动教师队伍的积极性，不仅可以通过在职称评审和工作量等方面对"双师双能型"教师有所倾斜，还可以通过设置"双师双能型"教师专项津贴，引导教师提升自我，积极追求向"双师双能型"转变。对于"双师双能型"教师，设置专项津贴，用以奖励在企业实践锻炼中成绩特别突出、企业评价特别好的教师，这样可以增加教师参加实践培训的积极性，早日建成高水平高素质的"双师双能型"师资队伍。

（三）建立健全分层分类教师评价体系

良好的评价机制，可以准确地反映教师的工作成效。对于工作踏实努力的教师予以认可，对于不好的行为进行鞭策，可以对教师起到良好的激励作用。教师评价制度应该尽量避免单一化，因为不同学科岗位的教师工作内容是有所不同的，所以应当采取分类评价与分层评价结合的方式，使评价结果更为科学立体。

就评价内容来讲，应该涵盖教师多方面的素质和能力，既要注重教学、科研、社会服务等工作实绩，也要关注教师的师德师风以及心理素质等；就评价制度来讲，对于不同专业和岗位类别，评价的重点应有所不同，应避免一刀切；就评价方式来看，应创新评价方式，摒弃传统的量化打分方式，注重质的评价。

总体上说，要综合考察教师多方面的表现，建立科学合理公平客观的评价制度，关注教师多方面的发展。

五、创设应用型校园文化氛围，促使教师积极转型

针对应用型本科院校存在转型文化氛围不足和教师观念固化的问题，可以采取创造性

的措施，一个方法解决两个问题，即通过加强校园文化建设，营造良好的文化氛围，利用文化氛围的影响，促使教师转变观念，增强教师对学校转型发展的认同与支持。

（一）打造应用型本科院校特色文化

高品位打造具有应用型特色的校园文化、组织丰富的校园文化活动、创建良好的育人氛围是应用型本科院校应有的建设方向。应用型大学多为新建本科院校，由于建设时间较短，本科教育积累不多，一些学校对文化建设的重要性认识不充分，总体而言，文化建设之路还很漫长①。如何建立自己的文化？有丰富的途径和办法。但是，每个学校都应该追求建设自身的特色文化，应用型本科院校也不例外。学校必须结合办学实际建设特色文化，从学校的发展历程中汲取营养，联系当地的地域文化，提炼形成本校的特色文化。一个学校之所以区别于另一个学校，主要在于精神气韵的不同，即校园文化的不同。应用型本科院校建设属于自身的特色文化，可以增强教师的认同感及归属感；优秀的文化可以给予教师源源不断的精神滋养、指引教师转变观念，向应用型转型；这样，全校教师形成合力，参与投入到转型建设中来，就能推动学校建设成为高水平应用型本科院校。

（二）组织丰富的文化活动

至于文化活动的组织，可以广泛借鉴世界名校的经验。比如组织丰富的教师参与度高的文化活动，使老师们有充足的沟通交流机会，传播积极的认识观念；巧妙地把学校转型的思想融入文化活动中，使教师在愉快的参与过程中提升对转型的认识，转变自己的观念。

师资队伍建设是应用型本科院校的基础性工作，学校应从多个环节和层面做好这一工作。首先，应该对师资队伍建设有一个宏观把握，即需要加强规划。至于如何加强规划，可以对其进行分类，便于建设和管理。其次，为了丰富和完善师资队伍结构，需要从聘任环节发力，加强师资来源的多元化。再次，要建设现有的师资队伍，使教师与学校转型发展的节奏相适应，即要培育现有师资。不仅可以通过与企业共建培训基地，提升教师实践能力，还可以促进企业与学校间的人才流通。然后，要健全激励机制，为"双师双能型"师资队伍的建设做好保障，增强其吸引力，促使教师成长为"双师双能型"教师。最后，通过文化软环境的建设，潜移默化地影响教师的观念，使教师主动转型。

六、高校教师管理与师资队伍建设发展相协调

（一）明确开放包容与以人为本理念

改革开放与社会主义的现代化建设均对学校教育和学生学习提出高要求，在此环境下，高校唯有组建一支具有较强综合素养以及较高专业水准的师资队伍，才能真正满足社

---

① 侯长林．精致化发展：高水平应用型高校建设的策略——基于四所袖珍型世界名校的考察［J］．教育学术月刊，2019，（01）．

会群体不断提高的对高等教育的要求，才能真正培育出全面且综合发展的新时代合格人才。建设满足时代发展需求的高校师资队伍，前提条件便是增强以人为本理念。该理念明确要求高校积极优化与不断发展教师个体素养，让教师充分认知个体对学校整体发展的关键价值，争做有责任感且有理想的合格教师。同时，该理念还要求高校在相同目标导向下，着重发展师资队伍个性，提高教师工作创造力与积极性，让师资团队真正充满活力。另外，高校若想获得长效发展，还需要树立开放化的办学理念，明确容纳各类人才与不同的思想观点。唯有落实思想自由和兼容并包，高校才能具备可持续发展的动力。首先，开放包容和以人为本，具体表现在为高校师资队伍提供教育及科研相对自由的发挥空间。高校师资队伍教师普遍源于不同学科，其专业与背景均存在差异性，各专业教育及科研工作的客观规律亦不同。并且，教师个体普遍具有差异化的性格、追求和兴趣。高校要充分尊重师资队伍的多元化，激励教师在实际教育及科研中呈现自身特长，并为所有教师提供广阔的发展空间，支持与鼓励教师们钻研感兴趣的课题研究内容，为教师各项工作的实施创设自由且轻松的环境，让教师真正成为拥有独立人格与学术追求的个体。所谓学术追求，指的是教师有权利在国家法律允许的情况下自由从事自身专业领域的科研工作。具备学术追求的高校教师，应具备批判意识，可以发现并解决实际问题，独立展开创新与思考。而独立人格则是指高校教师具备主观能动性、独立性、创造性与自主性，既不过分依赖外在权威，亦不依附现实力量。具有独立人格的高校教师在真理的不断探索和追求过程中拥有独立判断意识和能力，在高校教育管理当中也具备独立自主能力。其次，开放包容与以人为本理念还呈现在为师资队伍发展供给全面支撑。师资队伍发展和成长，需要高校提供广阔平台。为加强师资队伍专业能力，高校应组织多元化研修活动，实施教育研究和指导，促进教育创新及改革。同时，还要深化院系教研办公室的建设，构建健全的传帮带制度，针对新入职教师与青年教师群体要着重实施教育层面的专业培训以及科研工作的全面指导，进而为高校培养更多生力军。

（二）强化教师管理，革新评价机制

人力资源作为第一资源，构建具有较高专业水平与较强综合素养的师资队伍，与合理、科学的管理制度与评价机制息息相关。首先，构建灵活高效的激励制度。美国诸多高校均实施非升即走制度，其根本原则在于教师个体必须在既定周期内完成学校所布置的考评任务，若没完成，则会被剥夺留校任职的资格。现如今，国内诸多高校均借鉴、参考该制度，且通过灵活变革，将其发展为非升即转制，即如果高校所招聘的教师并未完成规定的科研与教育任务，则该部分教师可选择转到行政与教辅等岗位继续自身职业生涯。这些制度均呈现出了优胜劣汰的基本原则，对于调动师资队伍的创造性、积极性以及主动性具有积极影响。其次，构建合理与科学的评价机制。高校可以基于德行、精力、积极性与实践等维度面向教师展开评价。其中，德行重点考察师资队伍的师风师德、精力重点考察师资队伍专业素养与业务能力、积极性重点关注师资队伍工作态度，而实践则重点评价师资队伍教育表现与效能。高校要按照教育及科研规律，构建合理与科学的师资队伍评价机

制。无论是在基础科研层面，还是在技术开发研究与应用研究层面，均需着重考虑教师个体发展。在评价标准制定中，要融合定量与定性评价，促进教师管理与师资队伍建设可持续发展。

（三）引进高级人才，完善双师队伍

明确政策精神，借助一事一议制度，全面引进各领域高级人才。高级人才作为稀缺人才，是落实人才强效的关键性力量，各地区为引进高级人才均出台了诸多政策。作为国家人才培养主阵地，高等院校必须与时俱进，积极学习政府部门引进高级人才的政策，将政策内容落到实处。针对稀缺的具备深厚学术造诣、可精准把握专业及学科发展方向、较强专业水平、创新意识及创新能力的高级人才，高校可通过一事一议与校领导联系机制，基于个体实际诉求，从高级人才进编制、家庭其他成员落户、住房安家、子女入学以及科研资金支持等层面解决现实问题，进而做到待遇招人、情谊感人以及事业留人。政府、学校与企业三位一体，产教结合，完善高校双师队伍建设。伴随社会发展日新月异，企业所生产的产品更新换代速度不断加快，人才招留与项目研发的投入成本也不断增加。与此同时，我国高校普遍在高校应届生群体中聘用教师，这部分教师知识内容更新相对缓慢，缺少实践经验，脱离了职业需求。基于此，政府部门可发挥其引领作用，为高校与企业的合作办学搭建平台，出台相应政策，为校企合作指明发展方向，对校企双方提出明确要求，为校企合作提供便利、降低成本，从而有效推进产教结合。高校为企业方面供给人资报账，推动企业成本降低、项目研发、员工培训等；而企业为高校方面提供便利，组织师资队伍进企业生产车间，借助设备资源，充分熟悉行业领域生产工艺，掌握行业发展前沿技术等。长此以往，企业工程师可来校讲课，高校专业教师可进企业车间进行生产活动，高校双师队伍在这一过程当中实现发展与壮大。

第二节　高校教师人力资源聘任实施对策

一、国外高校教师聘任制实施的借鉴

（一）教师招聘条件的严格性和考核的制度化

如国外大学招聘教师有着严格的规定：大学必须在两家以上公开发行的英文报刊上刊登招聘信息，招聘信息上注明招聘条件和申请的截止日期。招聘委员会必须是独立的，由校和系资深的教授担任，招聘委员会收到应聘者提交的申请后，对每个应聘者的情况进行评估，并请应聘者到学校做公开的学术演讲，由招聘委员会进行无记名投票，签署意见，递交系主任过目并签署意见，然后招聘委员会再把其意见交到学院，由学院招聘委员会审查是否有违规操作，再由学院院长分别独立提出意见后送交学校，由学校的招聘委员会重新进行审查。在选聘时，既看重应聘者的学历又看重其实际能力，侧重科研成果。除了对

教师的聘任条件有着明确的规定外，他们还有一套严格的教师考核制度，以确保所聘教师的"名副其实"。这种考核不是只停留在聘用教师时，而是持续贯穿于教师晋升的过程中。

（二）面向全世界公开招聘教师

国外教师聘任制的一个显著特点是注重面向全世界招聘人才。当某一岗位需要聘用教师时，他们通过各种渠道向社会各方发出信息，应聘者要经过几轮严格的筛选才能被择优录取。一些知名学府总是积极而广泛的招聘人才，保证在世界各地的同事、同行都会接到信或电话，被告知相关的求贤事宜。在招聘教师时，一般通过民主程序和自由竞争，最后确定最佳人选。对于自己培养的应届毕业生，不管是博士还是硕士，也不管成绩有多好，能力有多强，毕业后都要离开学校。学校不留自己的学生任教，如果哪位毕业生想在本校任教，一定要先去其他学校或部门奋斗数年，获得了教授级水平后，再与其他应聘者竞争同一大学的某一职位，在选聘过程中没有亲疏远近之分，只凭真才实学。正是采用了"选贤避亲"的政策，哈佛大学才形成了一种良好的引进人才的运行机制。

（三）教授终身制是教师聘用制度的创新

设置教授终身制的初衷是保护学术自由，但其发展过程中却产生了一些弊端：终身制纵容了一些懒惰和业绩不佳的教师，使得学校学术职位僵化，不利于高校制度和学科的创新。针对这些弊端，美国高校采取各种方式对其进行改革。首先，绝大多数学校针对终身教授制度本身进行了补充、修正。其次，严格控制终身教授的评审程序，把好入门关。无论是研究型大学还是教学型高校，虽仍从教学、科研和服务三方面对教师进行评估，但对终身教授的聘任标准却在不断提高。再次，延长试用期。国外高校教师聘任分两类：一类是任用制，适用于讲师和助理教授；另一类是终身聘任，主要是针对教授和副教授。当然，在获得终身聘任前，教师必须经历一段试用期——短则 5 年，长则 8 年。如果在聘期内教师仍未获得应有的晋升，国外高校普遍采取的方式是"非升即走"。"非升即走"是国内外很多高校中常见的用人制度，该制度指的是一个不是足够好、从而没有被晋升的教师将自动被解雇。

（四）重视对教师的培养与培训

为了提高在职教师的综合水平，国外为教师的发展提出专款，从教学方法、教学目标和教学技术等方面为教师提供建议和服务，系统性地开展教师职前教育和在职进修，从培养、任用、进修各个阶段来有效提高教师的素质和能力。其主要有：建立教师终身任职制，为教师保持独立的见解，营造良好的学术氛围创造了坚实的基础；建立专项基金，为教师参加国内外学术活动提供条件；建立旨在提高教师教学水平的服务中心，为青年教师提供业务咨询和教学实践的场所；实行学术带薪休假制度等。

二、我国高校教师聘任制实施对策

(一) 解放思想，突破高校教师聘任"能上不能下，能进不能出"的传统和体制

首先，随着市场经济向教育领域的渗透，已初步显现出市场机制对高等教育资源的配置作用，但其影响还十分有限。究其原因，主要是高校人力资源市场还未完全开放，价格机制、供求机制以及竞争机制对社会生活方式和途径的干涉还十分有限。这就需要解放思想，树立社会主义市场经济观念，培养和塑造竞争与效率意识，构建一个利益驱动的市场机制。

其次，转变政府管理方式是高校教师聘任制实施的首要前提，应将管理重心由微观管理转向制度体系建设。因此突破传统，改变政府对高校管理权限过大，高校本身缺乏自主权和高校管理行政化的局面显得尤为重要。应先合理界定政府管理职能，还权于高校。目前，高校教师聘任虽然实行"评"与"聘"分离，但教育与人事行政主管部门拥有岗位指标核定权、职务比例确定权、资格评定标准制定权及任职资格评审权、监督权等一系列权力。高校虽然具有聘任权，可在一定程度上也是从属于政府的评审权。实践中，政府既存在干预越位，同时也存在着控制缺位，所以其不仅没有发挥好引导监督职能，同时还束缚了高校的自治能力。对此，必须规范政府的行政干预边界，合理界定政府与高校的职责。政府不应关注评聘条件、标准、指标等具体操作性决策，而应突出自身"公共利益"维护者的立场，通过法律、预算和质量评估体系、经费使用审计制度等手段对高校进行宏观管理和控制，从而确保高校教师聘任制的合法性、合理性和正当性。

最后，建立开放的教师聘任"能上能下，能进能出"的新机制。高校教师聘任制实施的目的在于通过人员的竞争对资源进行优化和有效利用。这必然要求人才由"单位人"转变为"社会人"，实现教师在社会中的自由流动，即职务可升可降、人员能进能出。因此，改革者应当打破教师为单位所有，建立相关的教师辞职、解聘制度，保障教师依法辞职的权利和高校依法辞退教师的权利。要打破政府、企业、高校间的"人事"壁垒，消除教师在不同地区、不同高校、不同岗位之间的流动障碍，建立统一的学术劳动力市场。要用政府、市场、高校多元化为主体的共同治理方式来取代以政府为主导的单一行政管理方式。没有政府的介入，高校教师聘任制实施将缺乏有效的制度支撑与政策引导，从而失去改革方向与目标；没有市场的驱动，高校教师聘任制实施将缺乏压力、动力与活力，从而失去长久的生命力；没有学术的引导，高校教师聘任制实施将背离公共教育的基本目标，从而失去科学研究的基本价值。因此应凸显不同的价值取向，以激发高校教师的潜力并发挥大学的功能。

(二) 科学设置教师岗位，明确教师岗位责任

"各高校按照学科发展和人才"队伍建设的需要，运用教学、科研任务与二级学科相

结合的方式，结合各自学校岗位设置管理规定和本校各岗位的工作性质等要求，确定所需教师的编制总量，对岗位进行细分和排序，通过岗位分析，形成岗位说明书和岗位规范，从而合理配置教师资源，实现定岗定编。在教师聘任工作开展之前，学校人事处、教务处、科技处、研究生院等相关部门要根据学校的具体情况进行岗位设置，确定编制数额、岗位职责及任职资格条件等各项内容。

针对权力与责任没有衔接的问题，在岗位聘任的同时要签订聘期目标承诺书，承诺相应岗位在学科发展中要承担的责任，并将是否完成聘期工作目标作为下一聘期考核的重要依据。学校根据各级教师岗位应完成的目标任务，设置目标中的必选项和可选项，教师根据自己的情况选择目标任务。这样，即使同一学院同一级别的教师需要完成的目标也可能不一样，形成个性化的承诺书，充分体现了考核以教师为本的思想。除助教外，上一聘期未完成聘期工作目标的教师，下一聘期不具备参加考核排序的资格，岗位自动下调一级，使岗位分级真正做到能上能下。

（三）加强教师考核工作，构建科学的教师考核评价体系

要实现聘任制从教师管理向教师资源开发的转变，建立健全科学的考核评价机制是其中最重要的一环。在实施教师聘任制之后，对教师的考核不仅作为教师聘任和薪酬调整的有效依据，更多应该是对教师人力资源进行开发。考核的最终目的应该是引导教师人力资本的增加和学校的教学科研实力。教师的工作主要是学术工作，教师评价考核制度的建立一定要考虑学术职业的特点，遵循学术自由的原则。科学评价体系的建立应注意以下几个方面：一是以人为本，尊重人才的个性发展要求；二是不拘一格，凡是有利于学校长远发展，有利于学校学科建设，有利于教师潜能发挥就可以尝试；三是实事求是，考核评价应坚持客观、公正、公平的原则，突出教师的工作成绩和为学校做出的贡献。

切实改变以数量为主的评价模式，制定更加科学、导向更加明确全面的考核指标，完善以创新和质量为导向的岗位分级评价机制。考核指标要以定量与定性相结合的原则，对教学、科研中能够量化的指标尽量进行量化考核，减少主观判断的成分。学科发展责任、社会服务等指标根据学校或院系工作重点动态调整，以引导教授们承担更多的学科发展责任，做出更大的贡献。对这类难以量化的指标进行定性评价，使整个考核评价系统尽可能的科学、合理。

学校对聘期不合格或暂定合格的教师应采取相应的警示措施。对聘期考核不合格的教师，再次聘任时原则上不得申报现级别及以上岗位，即职务或岗位要"向下"移动；对聘期考核暂定为合格的人员，再次聘任时不得申报高级别岗位，并且从重新聘任之日起岗位津贴在原岗位基础上下调一级发放。

（四）加强教师聘任制立法工作，完善教师相关权益保障

保护教师的合法权益，是大学教师聘任制实施的重要内容，也是教育法制建设的重要任务。只有构建出一个完善的教师权益保障体系，才能充分调动教师的工作积极性，从而促进教师聘任制改革的顺利实施。所以，应当加快对教师聘任制的立法工作，特别是有关解聘教师的法律规定，使教师在聘任过程中能够合法、有效地通过法律途径保护自己的合法权益。高校解聘教师除了要有法可依之外，还应当制定规范的教师解聘程序。这其中包括高校在解聘教师前，必须以书面的形式通知教师，同时说明解聘的理由。只有规范了教师的解聘程序，这样被解聘教师才会通过法律措施来维护个人的权益不受侵害。

大学教师权益保障体系是一个系统工程，包括政府、高校及教师三个主体，这三个主体在保障体系中都担负着不同的责任。在改革中，只有这三个主体密切配合，才能充分发挥权益保障体系在教师聘任制实施中的作用。

1. 政府在完善教师权益保障措施中的作用

全面实施聘任制后，教师传统的退休养老待遇将不复存在，教师也不再是一种终身职业。为了保证高校教师队伍的稳定和维护高校教师的正当权益，政府应为高校教师提供相应的社会保障体系。当前，应尽快健全社会保障制度，建立针对高校教师的社会保障制度。将高校教师的公费医疗纳入社会保障范畴；扩大养老保险的覆盖面，提高缴费标准；健全完善失业保险制度，做好落聘、待聘教师的基本生活保障和再就业工作；对患病和残疾等生活能力弱的离退休教师，提供福利性保障。

2. 高校在完善教师权益保障措施中的作用

教师聘任制的改革直接导致了学校内部各种利益的重新分配。利益得失的不均，使教师对改革的态度出现了分化，面对这种情况，学校与教师之间进行平等民主的对话是解决问题的有效途径。学校可通过建立完善的教授委员会制度保障教师聘任制实施的民主性，同时，教职工代表大会和学校工会应发挥其应有的作用，应全面推行校务公开制度。凡涉及全体教师切身利益的重大决策，必须通过教职工代表大会讨论通过才能实施。当教师合法权益受到侵害时，工会必须发挥其作用，帮助教师维护他们的合法权益。

3. 教师在完善自己权益保障措施中的作用

教师作为享有权益保障的主体，提高其自我保障能力是十分必要的。教师应努力使自己的教育法规知识得以丰富，来保障自身的合法权益不受侵犯。教师应对教育法律法规中有关教师权利和义务的内容了解明确，对本校制定的各项管理制度有深刻的理解。另外，高校教师要努力提升自身的法律意识；要能够在自身合法权益受到侵害时，用法律的武器来捍卫自己的权益；认识到要在法定范围内主动追求和行使自己的权利，并理性地对待诉讼行为。

第三节　高校教师人力资源绩效管理的优化

一、高校教师绩效管理优化的必要性

随着我国高等教育由精英化走向大众化，高等院校跨入了一个崭新的发展阶段。在面对内部环境和外部环境变化时，各高校纷纷完成了新时期、新一轮的发展战略与目标定位。目前，大部分高校还存在着许多的问题，高校制订的发展战略规划、校园建设规划等很多都难以实施下去或者说实施的效果并不理想。这个问题在现实中变得越来越突出，直接影响着高校的长远发展。因此，多角度出发来进行绩效管理体系的优化对高校的可持续发展的必要性主要体现在以下几个方面：

一是更好地适应高校的特殊性。将绩效管理与高校的发展使命相结合。这里的使命指区别于营利组织实现利润最大化的战略，而是更高层次的战略，如履行高校学术责任和社会公益责任等。在设定绩效管理的指标时高度重视高校中的教育相关者（教职员工、学生、公众等），更好地实现高校"建设地方应用型高水平大学"的总目标，满足其学术、人文和道德使命的最终目标。这种变化已使其在整体设置上充分适应高校的特殊性，成为高校教师绩效管理优化的终极目标。

二是有效解决高校面临的外部环境问题和内部管理问题。首先可以帮助高校塑造良好的公众形象。高校为了实现自身的发展，在多渠道发展的同时，还着重培养适应市场需求的人才，打造自身教育品牌。为了适应不断变化的环境，实现自身的可持续性发展，高校必须与政府、教师、学生、企业等群体形成积极的互动，通过绩效管理优化过程中提供的多角度的信息，对学校真实的运行状况做出了有见识的判断，为公众提供关于高校运作的多维信息，全面展示高校的健康状况，使高校出色地履行受托责任，树立良好的公众形象。

三是利用高校内部绩效管理工作，帮助高校解决办学资源配置、教职工积极性和办学特色等问题。高校进行教师绩效管理的优化过程就是一个对学校内发生的种种行动进行检查的过程。它要求从学校学术责任和战略目标出发来制定学校的每一个学术目标和教学任务。而在绩效优化的过程中，伴随着强大的宣传和沟通方案，使学校每一个成员都能了解到学校的学术和目标以及围绕使命所设置的多个角度指标，让他们了解到自己在高校使命实现过程中所做的贡献。教职工由此有了自己的明确的职业发展规划，在高校发展中找到了自己的定位，工作热情不断提高。

二、高校教师绩效管理优化设计

（一）高校教师绩效管理指标设计的原则

在进行教师绩效管理的优化过程中，建立以战略使命为导向的绩效管理指标体系，就是所选取的指标能够对战略进行有效的衡量，尤其是各个角度方面，指标的选取必须具有代表性和显著性，它是绩效考核成效的核心环节。为力保高校教师绩效管理指标设计的可执行性与全面科学性，评价指标的选取要能适应高校长期发展，能准确反映该校的实际业绩评价情况，指标体系最终的结果要具有可操作性，因此，指标的设计和选取要遵循的原则如下：

1. 战略一致性原则

战略性是将战略落实到具体的可执行的指标中去，它是以优化高校教师绩效管理为基础的原则，要注意模式的转换，毕竟企业和高校的最终目的不同，战略也不相同，所以要站在高校的角度进行战略定位，以及指标的选择，只有以战略为中心进行指标选取的展开，才能保证评价内容与战略有着高度的一致性。

2. 前瞻性原则

选择指标时，一定要有长远的眼光，不止看到学校目前自身情况和外部环境，还要有预见性，预测外部竞争环境可能产生的变化，将现实情况和预测结果结合起来分析，选择合适的指标。

3. 层次性原则

在设计教师绩效指标的时候，应当与高校实际情况相结合，因为对指标体系有着一、二、三级层次性的设计，所以依照此要求，对指标的选取能够将层次性进行凸显，已达到层次分明，具体可施的目标。

4. 主次原则

对于指标的选取，要分清主次，选择跟学校的现实情况和发展关联最为密切的，最能体现整体发展实况的切实可行指标，对主要指标进行深入了解与掌握。

（二）高校教师绩效管理指标的确定

在对高校教师绩效管理进行优化时，要在符合高校战略目标的前提下，严格遵照上述指标选取原则，通过多个角度将该校战略目标及使命转化为具体的可执行的指标。

1. 财务角度

高校作为非营利组织，其存在和发展除主要依赖国家和社会财力的不断投入外，也要注意自身资金的合理获得和有效运用，如果高校对资金的管理和运用效率太差，也会像营利组织一样，面临破产和关门的危机，因此资金是高校实现战略目标的重要保障。为了实现以上战略目标，经费支出是战略有效实现的保证，因此将财务角度从经费支出二级指标来展开与战略目标紧密联系起来，有利于战略目标的实现。本着要将有限的资源创造最大的效益原则，具体指标分析如下：

经费支出设置 5 个三级指标：第一，教学经费投入比例，该高校的类型定位是以教学为主，科研为辅，因此从教学经费投入比例可以看出该校对教学的重视力度，同时该支出是否对应了自身定位发展，其投入是否合理，是否有利于高教学质量目的实现都有重要体现，具体可以用（教学经费投入金额÷经费总额）×100%来计算；第二，实验室仪器设备人均金额数，该校的人才培养目标之一是培养具有实践能力的人才，实验教学为培养学生实践能力提供有效方式，实验室仪器设备是实验教学的重要物质保障，实验室仪器设备人均金额数的指标设立可以体现高校对实践教学的偏重度；第三，教师人均科研经费，该指标数越高，越能体现出该校对科研的重视度越大；第四，学科建设投入比例，该校的目标定位中要加大学科建设，扩大优质学科建设范围，该指标与往年相比越大，越能体现该校对实现学科建设发展的目标决心越足，具体计算公式为：学科建设投入比例＝（学科建设投入金额÷经费总额）×100%；第五，年度预算执行情况，每年年初高校都会制定年度预算，在年末将当年报表与年初预算相对比，可以了解当年资金的使用情况，与预算吻合度越高，预算执行得就越好。

表 6-1　财务角度评价指标表

角度	二级指标	三级指标
财务角度	经费支出	学科建设投入比例（%）
		年度预算执行情况
		教师人均科研经费（元）
		教学经费投入比例（%）
		实验室仪器设备人均金额数（元）

2. 学生成长角度

对高校从学生成长角度进行相关讨论其前提必须确定的是高校的服务对象究竟是谁，明确了这一问题的答案之后，才能提供更好的服务。高等教育的首要任务是培养具有创新能力和实践能力的高级专业人才；对于高校提供的教学内容与管理的直接对象——学生也是学校的客户，学生对学校教育的满意度、配合度是高校是否完成战略目标的关键；家长和用人单位作为社会因素，提高其满意度是高校适应社会发展的重要体现，也是高校的使命之一。因而，高校提供的各项服务使学生、家长、用人单位等满意是其追求的目标。学生成长角度需要将高校的战略愿景转化为详细操作的驱动因素，对其在高校业绩评价中进行指标应用是非常必要的，而其中家长对高校认可度，可以使高校拥有大量的生源；用人单位的满意程度，是对高校工作成果的重要肯定，且能为高校带来良好声誉；学生对高校认同度可使高校的各项工作得到更好的贯彻，这三个作为高校的利益相关者，他们有对高校战略实现程度的最客观有效的评价，因而高校学生雇主指标的确定务必要以这三个方面为出发点，设置切实的指标体系。在此设计的指标是由 3 个二级指标组成：家长认可度、用人单位满意度、学生认同度。具体指标内容分析如下：

（1）家长是学生学费的承担者，家长对高校的认可度是高校能够持续存在的重要保证，对家长认可度设置了四个指标：第一，高校知名度，在目前我国的教育背景下，大多数家长不可能对每个高校都有详细了解，在学生报考志愿时家长主要依据的就是高校知名度，信息获取方式大多数是从同事中打听，或利用网络资源咨询，高校知名度越高，家长认可度越强，在此建议高校以去年高校综合排名进度为比较标准，将当年的排名进度与去年进行对比，确认该指标；第二，第一志愿报名率，在中国普遍存在着跟风现象，对高校的选择也是如此，大多数家长认为第一志愿报名率高的大学必有其优异之处，因此在借鉴高校第一志愿报名率的高低进行高校的选择，具体计算公式为：第一志愿报名率＝（第一志愿报考人数÷该校当年招生总人数）×100%；第三，学生接受教育后的综合素质变化，家长与学生关系最为紧密，接触也是最多，学生在接受高校的教育后自身素质和涵养都会有变化，家长是对这种变化较为敏感和重视的人群，综合素质变化大且好，家长的认可度便会大幅度增加，在生活中进行宣传，提高该高校的声誉，若是相反，则会严重影响高校声誉；第四，学生就业率，家长将学生送到高校，最根本最现实的目标就是希望学生经过专业化教育能获得心仪的工作，而学生的协议就业率就很大程度上满足了家长对该方面的期望，就业率越高，家长的认可度越高，对高校的依赖度也就增加，具体公式为：学生的协议就业率＝（当年签订就业协议的人数÷该校当年毕业总人数）×100％。

（2）高校所培养出的人才需要适应社会的需求，需要经过实践的考验，而用人单位满意度便是对该方面做了具体评价。用人单位满意度设置了四个三级指标：第一，当年学生获奖数，用人单位对毕业生的录用高校的选取时，会考虑通过学生在校表现来推断该校毕业生的整体水平，而学生在校的获奖数便是对该生在校期间表现的一种体现，学生获奖数越高，用人单位对毕业生的选择就越偏重，该数据可从教务处中获取；第二，学生的违约率，在高校中三方协议就是学生本人、用人单位和高校共同签署的就业协议，用人单位在对应届毕业生进行招录时，大型单位为了公平起见会花很大成本选择专业 HR 进行招录，希望能招录上能在该单位平台上有出色表现的员工，最终其签订三方协议，面对就业的双向选择，高校毕业生会有频繁选择频繁违约现象发生，这样会给用人单位造成一定的经济损失，使用人单位的满意度降低，对高校的声誉产生不良影响。该数据可从就业办中获取，具体公式为：违约率＝（当年学生违约人数/当年就业总人数）×100％；第三，学生在工作岗位上的贡献，用人单位录用员工是为了让员工在其岗位上为单位创造更多的价值，学生在工作岗位上表现得越突出，对单位的贡献越大，那么该用人单位的满意度就越高，高校的声誉也会随之扩大，该数据需要对已就业学生以访谈的形式进行展开；第四，就业单位的综合评价，用人单位满意度不是根据某一个或者某个专业领域的单位进行评价定论，而是要根据高校专业设置状况，从社会各界的用人单位进行调查而得出，综合评价会对高校各方面的工作都提出有效建议，以使教育成果能满足不断变化的市场的需求。

学生作为高校提供的教学内容和教学管理的直接对象，其评价对高校提高教学质量和内容尤为重要，对学生设置了 5 个三级指标：第一，学生退学率，学生退学的原因只有少量个人原因，更多是对学校教学质量和学风的不满，以至出现学生在进入大学后退学重新参加高考或者参加到创业群中，因此该指标越高，说明教学质量越不能满足学生的需求，该数据需要教务处从各学院中获取，具体计算公式为：学生退学率＝（当年退学人数/该校当年受教育的学生总数）×100％；第二，学习风气，很多学生都想去所谓的名牌学校，究其根源就是这些学校有着良好的学习氛围带动学生不断成长。因此，好的学习风气能够提高学生对高校的认同度，一是辅导员，辅导员是跟学生学习生活联系最紧密的人，可以为其提供有效信息；二是学院评优处，是否每年的评优人数都远远超过了标准匹配名额；三是该校学生的挂科情况，对以上方面进行深入了解和对比可以对该指标进行确定；第三，学生对教师教学的认可度，教师除了传授之外，更应该因人制宜，注重教学技巧与方式，学生对教师的教学方式和技巧的认可度越高，该校的教学质量相对越好，该数据可以由高校教务处让学生进行网上评价获得；第四，学生对学习环境的满意度，学生是对高校学习环境感触最多的群体，其对学习环境的满意度越高，越有利于高校形象的树立，该数据对学生进行相关访谈并评分汇总可得。

表6-2　学生成长角度评价指标表

角度	二级指标	三级指标
学生成长角度	家长认可度	学校知名度
		毕业生就业率（％）
		学生受教育后综合素质的变化
		第一志愿报名率（％）
	用人单位满意度	学生当年获奖数（个）
		毕业生在工资岗位上的贡献
		学生的违约率（％）
		就业单位的综合评价
	学生认同度	学生退学率
		学习风气
		学生对教师教学的认可度
		学生对学习环境的满意度

3. 内部运营角度

高校结合自身的战略目标，使用一切可用资源进行内部运营实现高校使命。高校通过一系列的运营进行教学、管理、科研以及后勤等活动创造价值。高校如果想要提高学生乃至社会对其办学水平的满意程度，就要不断对内部管理与服务意识进行强化，完善高校内部组织结构，将内部的优势教学资源进行整合，把为社会输送合格人才、提供高效渠道作为己任。显而易见，教学质量为教学的进一步发展与改进提供有力支撑，是教学效果是否达标的有力体现；科研水平的层次也是内部运营的重要部分；教学管理是高校业务的重要组成部分，高校可以通过管理的手段有效将资源合理配置，使高校能更进一步地实现其战略目标并完成自身使命。通过以上三个方面的共同把握，高校内部运营角度目标的实现也就指日而待了。在此利用内部运营评价指标的特点，将教学质量、科研学术、教学管理三个方面作为内部运营指标体系的三个二级指标。分析如下：

在教学质量方面设立了3个三级指标：第一，教学课时进度，每学期初各代课教师都会制定本学期教学进度表，按照进度充分备课，规范教学，若进度与计划吻合度较高，说明完成较好，体现出高校教学管理较好；第二，优质学科占比，具体计算公式为：优质学科占比＝当年优质学科数÷当年学科总数，若当年优质学科数占比高于往年，说明该校的教学质量有所提高；第三，教学目标完成情况，对教学除了数量上有要求，对质量也有要求，教学目标完成情况以教师教学所设定的教学目标为标准，通过对学生的实际学习情况和该课程的期末得分进行调查与了解，综合评定教学目标的完成情况，若教学方式较好学生收获较大，则表示教学质量较好。

在科研水平方面设置了3个三级指标：第一，国家与省部级课题立项数，这是对高校科研学术方面最直接的考量，立项数逐年增加，且都是国家级及省级，说明该校具有很好的科研前景；第二，年均发表论文数，这是对高校教职工学术钻研能力的考核，数目越多，表明学术钻研能力越强；第三，参加国际与全国性学术会议人次，高校的学术程度如何可以通过参加国际、全国性学术会议的等级、类型和人次体现出来，若人次越多，表明该校越重视科研学术，且该校的科研学术潜力越强，以上数据都可以在科技处获得。

教学管理设置了 4 个三级指标：第一，多媒体利用情况，该指标体现该校教学方式与该校信息技术的融合度，它是衡量高校的教学管理的重要指标，多媒体利用越加充分，教学管理则越有效；第二，实践教学学分占比，通过占比的大小可以看出该高校对实践教学的重视度，对实践教学越看重则学分占比越高，但是也要在专业合理的占比范围内，具体计算公式为：实践教学学分/总学分；第三，学生出勤率，学生出勤率越高，体现教学管理状况越好，具体计算公式为：学生出勤率＝（学生实到人数/学生应到人数）×100%；第四，精品课程建设，属于教学的软实力建设，可以对校网的精品课程进行学习，通过学习成果来具体分析精品课程质量，当然，成果越多，精品课程建设得越好，教学管理就更有特色。具体内容见表 6-3。

表 6-3   内部运营评价指标表

角度	二级指标	三级指标
内部运营	教学质量	教学课时进度
		优质学科占比（%）
		教学目标完成情况
	科研水平	国家与省部级课题立项数（个）
		年均发表论文数（篇）
		参加国际与全国性学术会议人次（次）
	教学管理	多媒体利用情况
		实践教学学分比重（%）
		学生出勤率（%）
		精品课程建设

4. 教师发展角度

随着知识经济时代的来临，教师成为了决定高校教学水平能否保持一定高度的重要因素，只有广大高校教师不断更新知识，改进教学方法，提高教学手段，才能使高校在人才培养方面保持领先地位，所以对高校的业绩评价，教师发展方面的评价显得尤为重要，它关系到高校是否具有可持续发展能力。

师资队伍是高校教学重要主体之一，它在一定程度上决定了高校的教学水平和可持续发展水平，教师发展角度要以高校的教学特点、教学规模为基础，以师资队伍、教职工满意度、培训进修为出发点，综合评价高校的教师的能力与可持续发展状态，以此来提高在职人员的知识与素养，因而该角度由 3 个二级指标组成：师资队伍、教职员工满意度、培训进修。

教师发展角度注重于教职员工能力维持和发展，要想维持，必然要了解和依靠该校师资队伍，这是高校实现自身战略的重要前提，在此对师资队伍设置了 4 个三级指标：第一，科研带头人当年数量增长额，学习与成长需要被带动，若是科研带头人的人数增长额较多，表示不断有教职工加入科研的学习的队伍，对科研的学习与成长能力有所提高；第二，青年教师比例，它能体现出该高校的发展后劲，比例高表示教师的发展空间还是很大的，具体计算公式为：青年教师比例＝青年教师人数÷该校教师总人数；第三，高级职称比例，该指标若较往年比例增加较多，说明该校教师十分注重自身专业建设和专业知识积累，具体计算公式为：高级职称比例＝评得该职称教师人数÷该校教师总人数；第四，硕士学位以上教师比例，该指标体现出该校教师的学历层次，以此来规划高校的教学布局，确定需学习与成长的对象，具体计算公式为：硕士学位以上教师比例＝硕士学位以上教师÷该校教师总人数。

保持和提高教职员工的能力要对教职工的目前状况及相关满意度进行整体了解，它是当前高校发展的重中之重。对教职工的满意度设置了 3 个三级指标：第一，教师流失率，该指标越大，表示该高校的学习与成长空间越小，过大表示高校留不住人才，教师发展相当于空谈，具体计算公式为：教师流失率＝（当年教师流失人数/该校教师总人数）×100％；第二，平均服务年限，该指标越大表明高校的教职工服务年限越长，发展空间很大，具体计算公式为：平均服务年限＝截至当年职工服务总年限/该校教职工在职总人数；第三，教职工薪酬满意度，很多时候有人是不满于现状时为了改变现状，才去努力提升自我，所以在一定程度上教职工薪酬满意度和教师发展之间呈反比关系；第四，教职工工作环境满意度，教职工是对工作环境最为敏感的群体，在高校中，给高校教职工工作设施的配备大多是以职称、岗位而定，职称越高，岗位所在层级越高，工作环境会相对越好，因而好的工作环境在一定程度上对教职工的发展有着激励作用，而对该指标的选取可以对该校的教职工进行访谈打分。

高校输出知识和知识型人才，而支撑这个输出过程的重要方面就是不断提高师资水平，培训和进修成为他们提升自我能力的有效途径，对培训进修的三级指标设定如下：第一，教师进修培训人数，该指标可以体现教师发展的范围，人数越多，范围越广；第二，行政人员继续学习人数，管理人员为了提升自己的管理水平，在一定时期需要进行相关学习，而该指标体现了行政人员的培训范围；第三，专业人才培养计划的实施程度，对该指标考察，实施情况越与计划相吻合，甚至超出计划，表明该校专业人才培养越加重视且学习与成长方面做得很到位。具体指标见表6-4。

表 6-4　教师发展角度评价指标表

角度	二级指标	三级指标
教师发展角度	师资力量	科研带头人当年数量（人）
		青年教师比例（比例）
		高级职称比例（比例）
		硕士学位以上教师比例（比例）
	教职工满意度	教师流失率（％）
		平均服务年限（年）
		教职工工薪酬满意度
		教职工工作环境满意度
	培训进修	教师进修培训人数（人）
		行政人员继续学习人数（人）
		专业人才培训计划的实施程度

（三）高校教师绩效管理指标权重的确定

从多角度来优化高校的绩效管理体系，包含了财务与非财务，定性与定量的指标，考虑到指标之间在重要性、紧急程度和可实施程度上存在着差异，因此，需要根据各指标对评价对象的影响程度来设计权重。高校不同层次的指标是根据其贡献程度赋予相应的权重。

根据高校战略目标定位及指标设计的特点，采用德尔菲法对各个指标进行权重赋值，首先，通过专家访谈法对四个的角度权重进行设计，对不同的阶段，高校对这种量化的指标需求程度是不同的，财务指标是决定学校发展的重要因素。类似于企业，创新和学习成长对于高等院校也很重要，在教育领域，教师和学生能否保持积极乐观的开拓精神，丰富的自我气氛非常重要，它将直接影响大学未来的发展状况，这两个角度的指标也将成为未来 3～5 年最需完善的，因此各占 30％的比重，学生成长和内部运营则各占 20％的比重。具体的二级及三级指标是经过与专家的访谈，听取专家的意见分别对各级指标赋予权重的值，以此做出高校四个角度指标权重表。

三、高校教师绩效管理优化的实施流程

目前，高校的教师绩效管理仅仅体现在绩效考核上，但绩效考核仅仅是整个绩效管理体系中的一环，他的考核结果反映的是过去的成果，而绩效管理却是一系列的过程，它包括计划、实施、反馈与运用，他更注重与未来的连接，高校的绩效管理的实施流程的循环整体主要有制订绩效考核管理计划、进行考核实施、考核与评价过程和进行考核反馈四个环节。

（一）制订绩效管理计划

高校进行教师绩效管理的优化，需要进行以下三个步骤：

第一步，对高校的教职工进行整体的绩效管理的相关培训。通过培训，应使每个教职工都理解和配合绩效考核，同时要让教职工都认识到，绩效考核的目的并不在于"卡"教职工，而是为了使教职工能自主提高自身工作效率以及工作质量，同时让教职工自发地进入到自我绩效管理的队伍中，在实现相关考核时对高校的贡献度也不断提高。

第二步，分析战略，对高校进行战略目标定位，绘制战略地图，绩效管理主要针对高校的战略决策，采用逐步分解战略决策的方式来推动所有岗位预期规划的达成。

第三步，分解战略，将战略分解到部门，到个人中去，经过高校校级领导讨论后，对下一年度高校的考核指标编制与高校整体的目标计划，之后再通过层层分解，最终形成中层部门与个人的目标计划。

（二）绩效管理实施过程

针对制订的绩效考核管理计划，将计划在院系、部门与教职工间进行落实，将计划化为执行，在执行绩效考核时，院系、部门和教职工二者之间必须先进行良好的沟通，互相将工作落实。作为管理者，需要事前对教职工进行指导，而教职工也必须和管理人员进行配合，按照要求和流程进行绩效考核。对考核中出现的问题上下级要及时和妥善地进行沟通交流，以尽快找出最佳解决方案。对问题的发现和解决也应该包括在绩效管理的实施过程之中。高校进行绩效考核时，必须重视以下几点：首先，必须搜集到准确的相关信息，并且进行统计分析，能否得到准确有效的结果是之后能否在绩效上施行监督管理的前提；再者，在绩效管理中重要内容之一便是上下级的良好沟通。上级与下级沟通可以体现出关心的人文理念，下级和上级沟通可以体现教职工的工作积极性。通过两者的互动，工作效率便会大大提高；最终进行教职工辅导，这阶段是校级领导针对基层员工进行绩效管理指导工作的具体过程。

（三）绩效管理与评估

高校对教师绩效管理进行了有效评价，具体战略如下所示：第一步，人事部接到相关考核通知与相关规定之后将考核通知发给指定人员，同时发挥自身的监督职能；第二步，进行表格的填制，各个职责部门要求员工本着诚信的原则，根据实际业绩情况进行考核表的填制，并经过上级审核；第三步，考核结果和本人实际业绩要达成一致，结果以公告或私下通知的方式反馈到本人，若本人有意见可以与复核部门进行沟通；第四步，考核结果留档，人事部门是考核的主要组织者，要对考核流程充分了解的前提下将其中重要文件以及最终的考核结果进行留档备案，以做日后评优、晋升的依据。

（四）绩效管理反馈

当绩效考核完成之后，管理者必须与教职工进行面对面的交流，让教职工更加清楚这一年当中自身为高校所做的努力及回报，当然也要看清楚自己的不足，以此来进行改正和提高，这个过程便是绩效考核反馈。为了实现绩效考核反馈，必须注意这几点：

1. 增加召开绩效考核反馈会议的次数，这样一来，如果教职工在工作上有所失误可以直接指出并及时改正，减少所在院系、部门的损失。

2. 就事论事。如果教职工在工作中出现一些问题，必须把眼光放在如何解决问题方面，以寻求更快地找到方法并解决问题，只是批评个人达不到解决问题的效果。

3. 对教职工的实时反馈要给予支持和鼓励的态度。给高校的绩效管理提出更好更多的建议。

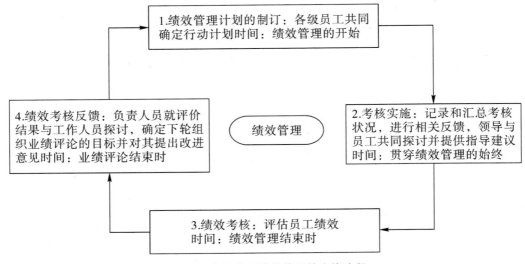

图 6-1　高校教师绩效管理的实施流程

四、高校教师绩效管理优化的实施保障

绩效考核管理的顺利实施很大程度上取决于组织保障是否有效。因此，高校教师绩效管理的有效运作需要从以下几个方面入手，确保绩效管理体系的顺利实施。

（一）获得校领导理解和支持

教师绩效管理的优化是围绕学校发展战略进行的，因此只有校领导才能更好地从全局上把握学校的发展战略。校领导应对全体教职工进行广泛动员，批准绩效优化的行动方案，全面指导并监督方案的执行，起到引领、协调作用。

（二）引导老师"认同"

加强培训与沟通，形成全员参与的良好环境，引导老师"认同"。构建科学的教师绩效管理体系需要全体教职工的参与，得到全体教职工的认同，需要对他们进行相关的宣传。通过充分宣传和培训，形成支持推行教师绩效管理优化的氛围。

（三）学校相关部门设置专项资金确保充足的资源支持

为了实现绩效考核管理工作的有效性、客观性及真实性，在人力、物质和资金方面都要有充足的保障与支撑。所以，设立相应的专项资金来推动绩效管理的有效实现是十分有必要的。在信息化高速发展的今天，高校作为对其吸收度很高的领域，要将绩效管理与信息技术相结合，才能更顺利地在高校中进行，而目前各高校的计算机网络信息系统，因为技术引入都落后于社会发展的进度，都是分模块与板块进行，大都各系统分离进行，技术支持较为落后。比如，教务系统和财务系统没有实现对接，普遍现象是教务系统与学生工作系统是分离的，而财务系统和学生工作系统也分开进行，它们之间都没有实现有用信息对接，目前状况对实现高校高业绩产出的战略目标是有着很大阻力的，因此，要注重信息技术的提高，实现高校信息化管理，加大各管理体系的连接度，起到相互监督相互协调的作用以提高高校绩效管理的整体水平。

（四）院系注重数据的收集和信息的记录

在高校实行绩效考核管理，最基础也是最重要的就是对数据的搜集和记录，但凡是数据信息，都有着一定的时效性，要注重及时更新，而对数据的全面和客观性要进行相关复核，在确定数量支撑的同时，保证数据的质量，以财务数据与非财务数据为基础，采用将定性指标与定量指标相配合的评价方法，对于定量这样的结果性指标，比如学生退学率、第一志愿报名率等指标较容易衡量，在相关事件发生时进行及时记录即可，较容易操作，但是对于定性的驱动性指标，比如学习风气、年度预算执行情况等指标没有具体的数字作参考与比较，大多都是需要去调研分析，同时对高校的学术氛围、学习风气等组织文化的依赖度较高。因此，要想将绩效管理运用到帮助高校实现其战略目标中，就务必使教职工都认同，一起进入到主动收集和整理业绩评价的数据工作中去。

第四节　高校教师人力资源激励机制的改善建议

通过对我国高校教师激励机制存在问题以及归因的研究，借鉴国外高校教师激励的优秀措施，我国高校教师激励机制的改善应从以下三个方面着手，遵循合理的原则、完善激励机制的内容和实施有效的保障。科学合理的原则是行动准则，全面的内容对于解决问题更具有现实意义，有力的保障措施能确保改进建议得到落实。

一、遵循合理的原则

大学作为培养人才、教授知识的重要场所，在管理上具有特殊性，特别是教师的激励机制应根据教师工作性质、教师的个体特性、高等教育机构的整体特征来进行综合考量，我国高校教师激励机制的改善应该把握以下三个原则：

（一）尊重性

高等教育院校的教师一般而言受教育水平较高，尤其注重尊重需求的满足，他们都希望自己的知识和才能得到充分的展现，得到学生、学校和社会的认可和尊重。从事科研工作并教授学生理论和技能知识是教师的工作价值所在，在进行高校教师队伍建设时为了增强教师对于学校的归属感，应遵循尊重性原则。改善我国高校教师激励机制必须尽可能地满足教师的合理需求，满足他们需要得到尊重的需求，并通过物质奖励或者精神上的褒奖，充分体现对高校教师的尊重。当高校教师对学校的某些措施提出意见时，行政管理人员应积极听取教师的意见，积极促进高校教师参与到与他们相关的措施的制定过程中，比如在制订学校的发展规划时，尽可能地将学校的总体目标与教师个人发展目标相结合，以满足教师更高层次的需求，帮助他们实现自己的人生目标[①]。尊重知识、尊重人才、尊重劳动、尊重创造力、尊重思想，学校必须在不同的水平和角度全面地认识与尊重高校教师，以使他们感到自己的工作是有价值的。

只有当教师觉得自己在组织中得到肯定时才能增强归属感，当他们的集体荣誉和归属感增强时更容易将学校的总体目标视为自己的个人目标，表现出更强的积极性，自愿地为学校的发展做出贡献。高校需要为教师创造出有利的工作环境，具体包含良好的科研条件、和谐的人际关系、相互信任的氛围，以此激发高校教师的工作积极性。只要能遵循尊重性原则，即使在激励过程的其他方面有所欠缺，也能尽可能地避免某些方面的摩擦，消除教师的不良情绪。

（二）以人为本

这项原则主要是要体现民主性和公平性。高校教师激励机制的改进措施必须反映出民主性，首先要把了解教师、尊重教师、关心教师、激励教师的行为放在第一位，设计的系统结构必须能够清晰地认识和满足教师的需求、尊重和接受教师的个人特征、调节教师的思想，进而鼓励教师进行思维的碰撞。高校无论使用任何激励措施都要明确地表现出民主性，如此教师便会把学校当成自己的家，严格遵守学校的各项规章制度，更加乐意为学校的发展做出贡献。

以人为本的原则还必须体现出公平性，公平感被大众普遍追求，是人们根据经验观察和听到的信息产生的一种普遍心理现象。在高校教师激励机制中不仅体现在教师收入方面，也体现在社会地位、权利、荣誉、晋升等各方面，对于高校的管理者而言激励机制的设计必须以公平为导向，考核教师的业绩时必须本着真实的态度，公开、公正地去衡量，不应受到领导主观意志的影响。高校教师薪酬满意度是一个比较的过程，不仅取决于收入的绝对值还取决于相对值，教师会将自己的收入与其他教师进行对比，也会与过去的自己进行对比，当教师认为自己受到的待遇不公平时便容易导致一种紧张和消极的情绪，从而直接影响他们的行为。综上所述，高校的管理中必须发展一种激励模式，以促进公平、公开、和谐氛围的形成。

（三）科学性

主要是指在建立高校教师激励机制时需要使用科学的方法，特别是要建立具有竞争性、差异性和时效性的系统。高校教师激励机制必须具有竞争力，因为对外它要具有吸引人才的竞争优势，在学校内部要发挥留住人才、培养人才、充分发挥教师能力的作用[②]。

---

① 彭建国. 高等学校教师需要的特点及其激励 [J]. 重庆大学学报（社会科学版），1999（01）：78—82.
② 岳文闻，刘亚丽，朱慧萍. 高职院校教师激励制度探究 [J]. 中外企业家，2014（17）：142.

差异性体现在激励的相关因素中教师的需求占主导地位，对于需求和精神境界不同的教师应使用差异化的激励手段，而且由于高校激励机制环境的复杂性，同一位教师当他处于不同阶段时主导需求也在发生变化，例如，当教师处于助教阶段时其主要的需求是薪酬和提高学术能力；当教师处于讲师阶段时其主要需求是职位的提升；处于教授阶段时其主要需求是精神上的自我实现。在高校教师激励机制的时效性方面，可采用短期激励和长期激励相结合，避免因时间效用的延迟而损害激励效果。高校不仅需要了解和掌握各个时期教师需求水平和结构的变化，也需注重将正强化和负强化相结合，同时实施物质激励与精神激励，才能取得更好的效果。

二、完善激励机制的内容

提高我国高校教师激励机制的实施效果，从完善激励机制内容方面考量应体现在物质激励和精神激励两个方面，保护教师合理合法的权利，给予教师物质和人文关怀，以此促进一支稳定且高素质师资队伍的形成。

（一）物质激励

根据马斯洛需求层次论和公平理论，每个人都有物质需求并且希望自己受到公平合理的待遇。完善物质激励内容应体现在以下四个方面：改进绩效考核制度、优化职称评定制度、加强在职培训体系的针对性以及给予教师其他方面的物质辅助。

1. 改进绩效考核制度

为了提高现有高校教师绩效考核方法的客观性，优化绩效考核机制，可以考虑实施360 绩效考核法。这种考核方法有很多优点，如可以对绩效考核信息进行全面系统的反馈、操作过程相对简单、有利于评价主体和客体之间展开沟通、用更少的时间完成考核工作，最终实现对绩效考核目标的全面考核[①]。360 绩效考核法主要包括五个步骤：明确考核内容、选择考核主体、管理考核过程、反馈考核结果、合理运用考核结果，这五个步骤相互联系形成一个完整而持久的体系。

第一，明确考核内容，高校首先应确定考核的主要内容，可以从四个维度进行考核：学生考核、部门考核、科研考核和督导考核。学生考核是反映教师教学质量的最直观因素，因此在教师绩效考核过程时学生考核应该占据最大的权重，这可以通过在学校官网的系统中让学生填问卷来完成；部门考核也是教师绩效考核过程的重要组成部分，主要是针对部门教师的日常教学工作来进行考核；科研考核主要是对教师每年论文发表情况与申请科研项目进展状况所进行的综合性考核；督导考核可由学校设置专门的督导组来对教师绩效进行考核，由于督导考核过于偶然，所以不宜占据过高比例。

第二，选择考核主体，高校可以设置以下人员作为教师绩效考核的主体，包括该教师

① 周玉宇，饶星，徐石海. 基于360 度考核模型的高校实验技术队伍绩效评价 [J]. 实验技术与管理，2014，31 (07)：219－222.

所教授的学生、领导、同事以及辅导员、教学秘书等其他行政人员。不同主体考核教师时的侧重点会有所不同，这样有利于更全面地了解教师的优缺点。

第三，管理考核过程，高校可以根据本校实际教学状况自行确定恰当的考核周期，不同考核主体采用不同的考核方法。当学生作为考核主体时可以让学生在本校官网系统填写问卷对教师进行考核；教学督导可以采用关键事件法来考核教师。绩效考核方法应该多样化，考核的主体需要匿名，也应对考核对象分批次进行考核，但必须说明无论哪种考核方法都应对考核标准提前进行详细说明，确保绩效考核的公平性和可信度[①]。

第四，反馈考核结果，绩效考核完成后应尽快把考核结果反馈给考核对象，要求考核对象审视自己存在的问题，制订详细的修正方案。在这个过程中我们应把握两个要点，首先要选定合适的通知教师绩效考核结果的人，考核对象的直属领导是最好的通知人选，因为其对考核对象有更全面的了解，便于沟通和交流；其次是主管部门要对教师绩效考核的结果进行分析，并帮助教师制订改进计划，为教师提供有针对性的咨询服务。通过以上两点能够有效地提升教师的绩效，确保其今后在绩效考核中取得满意的结果。

第五，合理运用考核结果，为了有效利用绩效考核的结果我们可以从以下几个方面入手：一是实现绩效考核结果与教师的薪酬挂钩；二是可以对绩效考核结果进行排序，并将结果公布，这样不仅可以使绩效考核处于前列的教师感到荣耀，也能够激励排名暂时落后的教师；三是采取绩效考核末位淘汰制，根据绩效考核排名的结果可对排名靠后的教师减少相应的课时和奖金，排名越低工资越低，这样可以使教师一直有紧迫感；四是将绩效考核结果与教师职称评定对接，对于想晋升职称的教师考核结果必须达到学校要求的排名，通过以上方式也可以提升教师对绩效考核工作的重视度。

2. 优化职称评定制度

改善高校教师职称评定制度首先是要明确评价的指标，随着高校与企业合作的深化，高校与企业在教学、科研、社会服务等方面的关系越来越密切，通过教师职称评价体系指标的设置，有利于加强和引导教师积极为企业和社会服务、探索技术成果的转化、促进校企合作，实现共赢的目标。因此高校需要进一步对指标进行分类，将教师参与企业技术研发的内容、方法和效果纳入评价指标，并注重教师在关键技术领域的贡献，更好地了解企业和社会对教师的满意度，在此基础上对教师的职称评定进行衡量。

其次，完善评审专家连带责任制，在高校教师职称评审中评审专家作为评估的主体发挥着至关重要的作用。目前高校教师的职称评定制度，评估专家的权力过大，他们想投票给谁、如何投票，不需要承担连带责任，正是这一漏洞导致少数专家由于个人原因或利益关系采取了不恰当的行为，从而影响职称评定的公平性。评审专家权力的运用必须在一定的制度范围内对其形成有效的监督，实施评审专家连带责任制，将他们的权力和责任结合起来，保证评审的严格性，清理评审中的作弊行为。这种制度实质是对评审结果的公正性

① 秦亮生. 试析"360度反馈评价法"在高校教师绩效评价中的应用[J]. 中国成人教育，2007（09）：47—48.

和有效性进行了保障，建立起了各利益主体相互制衡和监督的有效机制。

再次，增强学生评教的可信度，学生评教是高校教学评价的重要组成部分，对衡量教师教学水平具有重要意义，具有指导、预防和激励的作用，能有效地改善教学，促进学生和教师共同发展。为了提高学生评教的可靠性应用合理的方式进行学生评价，首先要纠正学生对于教学评价的态度，提高他们的责任感；其次采用匿名的方式，避免学生在评教时不敢根据自己的真实感受做出评价①。学生评教的主要目的是发现教师教学中存在的问题进而改进教学，提高教师的教学能力，所以学校的教学管理人员应及时地将教学评价的结果反馈给教师并督促其改正，而不是粗暴地采取惩戒措施。

最后，规范同行评审，在高校的同行评审制度中评审主体包括学术委员会的专家和教师的同事。学术委员会的专家一般应由具有正高级别、在本领域具有较高的学术声望和学术水平的教授担任，由校内专家和校外专家按照一定比例组成；同事的相互评价主要是对教师师德、教学态度、教学能力的评价②。同行评审在教师职称评定中发挥着重要作用，但是同行评审长期受到人为因素的干扰或多或少都存在着评审组专家对朋友过分褒奖，对有私人恩怨的教师进行贬低的现象存在。因此，要建立科学的同行遴选机制，避免出现外行评审内行的现象，需要综合考虑评定专家的学术能力、职业道德和专业标准，同时也可以聘请企业的高级技术人员进行联合评估，在评审过程中应实施回避原则以确保评审结果的公正性。

3. 加强在职培训体系的针对性

高等教育的目标是培养专业的操作型技能人才，所以高校教师的在职培训也要注重其实践技能的形成，但是当前我国高校教师在职培训仍以理论知识教学为主，教师参与实践的机会较少，造成高校"双师型"教师队伍建设成效并不显著。为了促进教师专业实践能力的提升，首先应根据行业的发展趋势、社会经济热点以及教师的实际需要来决定培训内容，更新高校教师培训的专业理论知识，为高校教师的素质培养提供平台；其次将理论培训与实践相结合，通过实际操作使教师更容易理解理论知识，从而掌握实际技能；最后让企业和行业协会参与教师培训内容的设计，他们更能把握行业未来的发展趋势、结合岗位的实际需求来确定培训内容，保证教师在职培训的有效性③。

科学合理的高校教师在职培训评价体系是保证高校教师在职培训效果显著的重要环节，如澳大利亚高校非常注重教师在职培训过程中对各个环节进行监督和评价，从而保证了高校教师在职培训的效果和质量。目前我国高校教师在职培训的评价体系还不是很完善，对培训效果的评价仍停留在表层，更多的是采用培训结束后的终结性评价。为了保证培训效果必须建立一套系统的高校教师在职培训评价体系，在培训之前有必要对教师的个人状况进行深入的了解。目的是为其提供有针对性的培训内容；在实施培训时也可以效仿

① 宋彦军. 高职院校学生评教的异化及其修正 [J]. 中国职业技术教育，2017 (29)：20—25.

② 任聪敏. 对职业院校质量评估的新思考——基于同行评议的维度 [J]. 职教论坛，2015 (22)：48—51.

③ 刁双荣. 高职教师职业发展的路径分析及培训机制建设 [J]. 人才资源开发，2018 (16)：57—58.

澳大利亚的高校，增大形成性评价的比例，在培训期间不时地进行检验和测试，及时调整培训模式；也需设立适度的奖惩制度；要及时地将培训结果的评价反馈给教师，使教师认识到自己的不足并及时改正。

4. 给予其他方面物质辅助

根据马斯洛需求层次理论，基本的物质条件是生存的需要，高校教师的物质需求主要体现在生活和科研、教学设备的改善上。在改善教师生活条件时必须认识到对于同岗位、同业绩的教师学校所能提供的物质应是相同的，教师物质待遇过低、待遇不公平很容易导致师资队伍不稳定，学校有必要制定合适的措施以加大支持教师创收的力度。在一些其他方面也可对教师进行适度倾斜，比如通过增大教师公积金的缴纳比例缓解教师房贷的压力，使他们能够专注于教学；教师物质条件的改善还需要关注教师的家庭情况，如日本根据教师家庭负担提供相应的津贴，家人有重度生活困难的教师可以申请额外补助，这是非常具有人文关怀的激励举措；此外需要深入教师群体明确其需求。在科研、教学设备的改善方面由于职业教育的高成本性，高校的一些设备需要更新和维护，但硬件的短缺制约了高校的发展，不利于教师开展教学和研究。针对这一问题，学校应在硬件设备上进行优化，在具体的实施过程中高校应该根据企业的需求和行业的发展趋势，建立相对应的模拟仿真实验室以促进教师的教学。

（二）精神激励

精神性的力量是人追求高质量社会生活、寻求归属感、认同感和满足感的发自内心的重要力量。在调动高校教师的教学积极性时仅靠物质上的激励是远远不够的，还需要从情感的角度上对教师进行激励，长期的情感激励对于提高教师责任感和加强对学校的归属感具有良好的辅助作用，这也是提高学校整体凝聚力的重要手段。

1. 疏导教师心理状态

获得理解和尊重是每个人的精神追求，在激励高校教师的时候也应特别注重对教师心理需求的满足。由于人们对高等教育认识不够深刻，普遍会存在一种偏见，高职教师相比本科院校教师或多或少都会有一种自卑感，学校必须认识和重视教师的这种心理现象。关注教师的心理健康是构建良好的高校教师激励机制的重要依据，要体现一种以人为本的观念，这是学校精神激励的核心理念；重视教师的心理状况除了要为教师提供各种各样有针对性的缓解心理压力的援助外，也可以为教师提供各种外出培训的机会、提供专家讲座和心理讲座，从而丰富教师的校内外活动，减轻教师的思想压力[①]。增加教师的归属感不能强硬地要求教师绝对服从，应充分发挥人道主义关怀使教师能够感受到学校所做的努力，和谐的人际关系是教师具有强烈集体归属感的前提，也是对教师进行精神激励的基础。

学校也应引导教师自行关注心理健康，帮助教师清晰地认识到自己的心理和精神状态自行寻找问题，只有教师能够意识到自己身心存在的问题才能及时反馈给学校，从而获得

---

① 冯力婉. 论高校为教师创建良好的人文环境 [J]. 统计与管理，2014（08）：171—172.

帮助。建议教师将视野从局限于个人的发展上升到全国职业教育领域的发展及走向，如此才能明确自己的工作具有重大价值。

2. 给予教师充足信任

高校教师在工作中还需要得到组织充分的信任，这份信任更多的是来自学校领导的信任，高校的领导层在划分和落实职责时要充分考虑教师的能力，做到用人不疑、疑人不用，坚持这一原则和理念，真正了解教师的日常工作。工作是反映员工能力的一种手段，员工做自己喜欢的事会产生激励效果，领导层应加强对教师能力和兴趣的了解，建立灵活的工作制度，为教师提供一个展示自己的平台。当教师意识到自己的努力得到了学校的认可和支持自然会主动地提高自己的工作能力和教学水平，以获得更大的个人成就感。根据麦克利兰的成就需要理论，任何员工都需要用知识和能力来证明自己对组织是不可或缺的，因此必要的工作授权就变得十分重要。建议高校深入调查各级教师的工作内容，按照人岗匹配原则进行人员配置，学校还可以采用聚会、外出旅游等方式，来增进与教师的情感交流，使得精神激励发挥更好的效果。

3. 形成荣誉正强化

荣誉激励就是通过一系列的奖励活动对教师的工作进行肯定，满足了教师自我实现的需求，应体现竞争性、公开性、示范性的特点[①]。荣誉激励的前提是对教师的工作绩效进行了公平的考核，这就涉及到物质激励方面关于绩效考核的要点。在进行公正、合理的考核之后可以通过设置"优秀教师"奖来对教师的工作进行正强化，在符合学院规定的前提下对教师进行适当的职位提升；再者为了最大限度发挥"优秀教师"的影响力，可在学校举办优秀教师经验分享交流会，通过学校官网、校园微信公众号、校园广播等多种媒介进行宣传，这既是对优秀教师的表彰也是对其他教师的激励，从而促进学校"你追我赶，人人争优"氛围的形成。

三、实施有效的保障

高校教师激励机制的改善涉及到各个部门之间的协同合作，为确保激励机制的改善原则和内容都能得到有效的实施，应从加大资金支持和完善制度建设两个方面实施保障措施。

（一）加大资金支持

高校教师激励机制的改善在一定程度上必然会导致学校财政支出的增加，为了保证各项激励措施的顺利实施，必须要有充足的资金保障。首先高校应高效地使用资金，可以通过加强内部管理以避免资金的浪费，例如，建立资金使用的绩效评价体系，对资金的投入和收益进行考核，力争发挥资金的最大效用；其次学校可以通过加强校企合作，为企业输入人才来寻求企业资金上的支持；再者可以通过与往届优秀的校友进行联系，获得校友对

---

① 柳清. 高职院校双语教师激励体系构建研究 [J]. 教育现代化，2019，6（10）：81—83.

母校发展的支持。高校可以通过以上的措施开源节流，秉持着合理使用资金的原则，既有效地提高教师的工作满意度又不给学校增添过多的财政负担。

（二）完善制度建设

高校教师激励机制改善方案的落实不仅需要在资金上得到支持，在制度上也需要得到保障，我国应建立和完善管理规章制度，以作为教师激励机制优化方案的依据。学校应从遵循教师激励机制的优化原则入手，从顶层设计教师激励机制，积极引导各部门相互配合、共同实施制度建设，具体措施为：学校应在党组织的领导下设置以书记为首的工作小组，为设计方案的落实提供充分的组织保障；政府的教育部门也要做好教师激励机制制度的建设，与高校携手建立一套合理的管理体系。只有在合理的原则指导下完善激励机制的内容，加之提供一系列的保障条件，高校教师激励机制才能得到有效的改善。

参考文献

[1] 陈越．学术人才国际流动中的高校教师聘任制度研究［D］．武汉：武汉大学，2017．

[2] 陈春玉，夏日贵．基于心理契约现状的高校教师管理问题浅析［J］．开封教育学院学报，2019，39（05）：182－184．

[3] 邓诗语．高校教师到企业挂职的激励机制研究［D］．重庆：重庆理工大学，2020．

[4] 段伟花，叶晴，段艺．心理契约视角下新生代高交教师管理研究［J］．牡丹江师范学院学报（社会科学版），2019（03）：127－135．

[5] 方苓苓．高校教师晋升制度研究［D］．济南：山东师范大学，2017．

[6] 郭姝妤．教师聘任制度中的高校教师角色研究［D］．武汉：华中师范大学，2020．

[7] 胡媛．高校教师管理激励机制中存在的问题及对策研究［J］．齐齐哈尔师范高等专科学校学报，2018（03）：86－87．

[8] 靳柳．民办高校教师薪酬福利管理问题研究［D］．济南：山东大学，2020．

[9] 刘志飙．激励机制在高校教师管理中的运用［J］．科学咨询（教育科研），2020（11）：47．

[10] 刘安然．高校教师管理中的声誉激励问题研究［D］．西安：西北大学，2019．

[11] 芦鑫．Z大学教师流失问题研究［D］．咸阳：西北农林科技大学，2019．

[12] 麻艳如．内部劳动力市场视角下的高校教师激励机制研究［D］．北京：首都经济贸易大学，2018．

[13] 孟晓翡．民办高校教师绩效考核优化研究［D］．西安：长安大学，2020．

[14] 那广利，李淋．胜任特征理论与绩效管理理论在高校教师管理中的运用［J］．科教导刊（下旬），2020（18）：76－78．

[15] 宋薇．可雇佣型心理契约视角下民办高校教师管理优化研究［J］．内蒙古煤炭经济，2021（17）：227－228．

[16] 唐佳．民办高校教师流失问题及对策研究［D］．绵阳：西南科技大学，2019．

[17] 田建荣，乔娜，祁占勇．改革开放40年我国高校教师管理政策的变迁逻辑与未来走向［J］．教师教育学报，2019，6（01）：12－21．

[18] 王宇松．对大数据视域下高校教师管理与评价的新思考［J］．中学政治教学参考，2021（03）：102．

[19] 吴华．高校教师聘任制度理论与实践研究［D］．福州：福建师范大学，2017．

[20] 吴欣阳．突出"以人为本"理念的高校教师管理体制方法探究［J］．理论观察，

2020（07）：159—161.

[21] 熊会.基于"双一流"建设的高校教师管理激励机制研究［J］.企业改革与管理，2020（03）：78—80.

[22] 薛景业.S民办高校教师绩效管理方案设计研究［D］.昆明：云南师范大学，2018.

[23] 徐苏兰.中国高校教师职称晋升制度变迁逻辑研究［D］.徐州：中国矿业大学，2020.

[24] 徐爱林.山东民办本科高校教师人力资源管理研究［D］.贵阳：贵州财经大学，2019.

[25] 杨春林.高校教师管理和师资队伍建设现状及发展对策［J］.湖北开放职业学院学报，2022，35（02）：19—20.

[26] 杨雪.绿色发展视角下我国高校教师资源配置研究［D］.淮北：淮北师范大学，2020.

[27] 杨慧，李广海，王万智.高校教师管理要素研究——基于系统管理理论视角的探讨［J］.现代管理科学，2018（11）：36—38.

[28] 张楚廷，王贤娴.以人为本理念下的高校教师管理——张楚廷教授专访［J］.苏州大学学报（教育科学版），2021，9（04）：89—95.

[29] 张瑞.疫情防控背景下高校教师管理机制研究［J］.陕西教育（高教），2021（02）：60—62.

[30] 张楠."双一流"建设背景下高校人才流动存在的问题与对策研究［D］.石家庄：河北师范大学，2019.

[31] 张江南.双因素激励理论在民办高校教师管理中的运用分析［J］.科学咨询（科技·管理），2020（04）：80.

[32] 钟倩.云南本科院校教师岗位分类管理现状及对策研究［D］.昆明：云南师范大学，2018.